Kapitalismus
Zollfreihandel
Globalisierung

Das Kontrabuch

Wie funktioniert die grenzenlose Ausbeutung?
Und was müssten unbestechliche Politiker
dagegen tun?

Manfred Julius Müller

Herstellung und Verlag: BoD – Books on Demand, Norderstedt
ISBN 9783748172970

Einleitung

Die Gewinnorientierung gehört zum Urprinzip der freien Wirtschaft und des Kapitalismus. Daran soll auch nicht gerüttelt werden. Was aber nicht sein muss, was nicht geht, ist eine damit einhergehende rücksichtslose Ausbeutung der Menschheit und der Natur. Dass das Böse im Kapitalismus nicht zwangsläufig verankert sein muss, dass es also sehr wohl einen humanen Kapitalismus geben kann, soll dieses Buch, diese Denk- und Streitschrift, mit Nachdruck belegen.

Aber wie erreicht man eine Umkehr, eine Humanisierung des Kapitals? Wo doch das Großkapital notwendige Reformen stets zu verhindern sucht und bestrebt ist, seine Pfründe zu verteidigen? Derlei Überlegungen führten mich zu einer etwas veränderten Konzeption. Anders als üblich wird bereits im ersten stark komprimierten Kapitel das Wesentliche verraten und keine sich lang hinziehende Spannung aufgebaut. Das erste Kapitel bildet das Grundgerüst, auf das sich die nachfolgenden Erläuterungen stützen. Der zeitgestresste Leser soll sich nicht erst durch ein dickes Werk quälen müssen um zu erfahren, welche Erkenntnisse der Autor zu vermitteln versucht.

Ich fürchte, dass die meisten populärwissenschaftlichen Bücher nur angelesen werden. Weil die umständliche Beweisführung sich über mehrere komplexe oder gar langweilige Kapitel hinzieht. Wäre es anders, würden die Inhalte der zahlreichen Bestseller tatsächlich von den Lesern verinnerlicht, hätte sich die Welt (und der Kapitalismus) positiver entwickelt. Wäre es anders, hätten zum Beispiel auch Thilo Sarrazins überzeugende Argumente seines 2010 herausgegebenen Bestsellers ‚Deutschland schafft sich ab‘ besser gefruchtet. Eine fanatische Willkommenskultur wie im Herbst 2015 hätte es vermutlich nicht gegeben.

Kurzum: Das Konzept dieses Buches fällt aus dem Rahmen. Bereits mit dem ersten Kapitel weiß jeder Leser, was Sache ist und worum es mir geht. Und falls er meine Thesen für überlegenswert hält, kann er sich über die nachfolgenden Kapitel weiter mit der Materie auseinandersetzen, deren Stichhaltigkeit überdenken, sich empören oder sich bestätigt finden. Dieses Buch funktioniert also quasi wie das Internet: Über den Hauptartikel führen Links zu beweisführenden Unterthemen.

Es ist nicht mein Anliegen, Leser zu belehren und ihnen meine Sichtweise aufzudrängen. Aber ich möchte gerne erreichen, dass über entscheidende Systemfragen mehr nachgedacht wird und von der Kapitallobby geschürte Vorurteile und Irrlehren entlarvt werden.

Wurde etwas falsch dargestellt?

Gerade in heiklen politischen Bereichen scheint mir eine objektive Darstellung zwingend notwendig. Eine seriöse Aufarbeitung kann nicht gelingen, wenn Kritiker unliebsamen Fragen feige ausweichen und damit verklärenden Darstellungen und Vorurteilen weiter Vorschub leisten. Ich habe diese Streitschrift nach bestem Wissen und Gewissen verfasst. Sollte ich dennoch etwas falsch oder unsachlich dargestellt haben, so bitte ich um freundliche Mitteilung (meine Email-Adresse: m.mueller@iworld.de). Ich hege keinerlei persönliche oder kommerzielle Interessen! Mir geht es ausschließlich um die Sache, also um das Wohl und die Zukunft der Menschheit.

Manfred Julius Müller

Flensburg, im Januar 2019

Platz für Ihre Anmerkungen – Freiraum für Ihre Gedanken …

Diese Streitschrift versteht sich als Arbeitsbuch, nicht als Manifest, Ideologie oder Dogma. Wohl wissend: Erst der Leser erweckt einen Text zum wahren Leben. Seine Empfindungen, seine Assoziationen sind es, die darüber entscheiden, ob die Gedanken des Autors aufgegriffen werden oder nicht. Bei diesem im Kopfe eines jeden kritischen Menschen automatisch ablaufenden Prüf-, Wahrnehmungs- und Abwägungsprozess haben sich Randbemerkungen des Lesers oft als nützlich erwiesen.

Der in diesem Buch dargebotene Satzspiegel ist also kein Versehen, er wurde bewusst gewählt. Durch den breiten Seitenrand soll der Leser die Möglichkeit haben, sich inhaltlich voll und ganz mit provokant anmutenden Thesen auseinanderzusetzen. Oft reichen schon Frage- oder Ausrufezeichen bzw. einzelne Wörter als Gedankenstützen, um sich später schnell wieder in die Materie hineinzufinden, Wichtiges vom Unwichtigen zu unterscheiden oder Unklarheiten nachzugehen. Denn eines werden selbst meine Kritiker zugeben: Die in diesem Buch aufgeworfenen Grundsatzfragen wird die Menschheit bald beantworten müssen, so oder so. Sie lassen sich nicht ewig ignorieren, beiseiteschieben oder abschätzig als undemokratisch, inhuman oder rassistisch abtun.

Kapitalismus:
Wie funktioniert das ausgeklügelte
System der globalen Ausbeutung?

**Warum der Wohlstand in Deutschland und vielen anderen
Staaten seit Jahrzehnten nicht mehr wächst.**

Die volkswirtschaftliche Entwicklung ist oft paradox: Da eröffnen uns
die genialen technologischen und wissenschaftlichen Fortschritte unge-
ahnte Möglichkeiten, aber dennoch wird der allgemeine Überlebens-
kampf in vielen modernen Staaten immer härter und die Existenzängs-
te nehmen dramatisch zu. Diese Widersprüche seit 40 Jahren achselzuckend zu akzeptieren scheint mir nicht länger hinnehmbar. Denn es
sind ja keine Gesetzmäßigkeiten und keine Naturkatastrophen, die den
schleichenden Niedergang erzwingen. Es ist vielmehr das perfide System der Ignoranz, Sinnestäuschung und Verlogenheit, das global greift,
die Pfründe der Privilegierten schützt und die kapitalistische Welt zu
einem spekulativen Tollhaus macht.

Grundbasis der Macht: Die politische Einflussnahme ...
Es ist der perfekte Kreislauf: Über die Repräsentanten und Würdenträ-
ger des Kapitals werden die Hauptmedien mobilisiert, die wiederum
ausschlaggebend sind für die Meinungsbildung in der Bevölkerung. Und
der so erzeugte Mainstream wird dann von den etablierten Parteien
dankbar aufgegriffen und als Politik der Mitte verkauft. Das perfekt
verzahnte Zusammenspiel politischer Bevormundung verbreitet nach
wie vor wirtschaftspolitische Irrlehren, die verantwortlich sind für die
bis heute andauernde Ausbeutung der Menschheit.

Die Kapitallobby hält die Deutungshoheit
und verteidigt damit ihre Privilegien!
Sie wird diese auch freiwillig niemals aus den Händen geben. Das Kapital verfügt über die notwendigen Mittel, eigene „Wirtschaftsforschungs-
institute" zu betreiben, die die erwünschten Statistiken liefern. Das Kapital ist ferner in der Lage, einflussreiche Ökonomen, Politiker und sogar Parteien wohlgesonnen zu stimmen. Und das Kapital (Milliardäre,
Spekulanten, Investoren, Fondsbetreiber, Konzernchefs, Banken, Ver-
sicherungen usw.) hat sogar das Geld, meinungsbildende Verlage und
Fernsehsender zu unterhalten bzw. über die Anzeigenvergabe Druck

auf die redaktionelle Arbeit und Ausrichtung der Medienkonkurrenz auszuüben.

Die typischen Grundsatzlügen ...

Von zentraler Bedeutung für die Kapitallobby ist die Beibehaltung des Zollfreihandels. Denn der weitgehende Zollverzicht ist gleichbedeutend mit einem *kapitalistischen Ermächtigungsgesetz (Seite 15)*. Der Zollfreihandel liefert die Basis für das globale Lohn-, Steuer- und Umweltdumping. Stehen alle Erwerbstätigen dieser Welt im direkten Konkurrenzkampf, muss jedermann um seinen Arbeitsplatz zittern. Und nicht nur das: Auch den freien Industriegewerkschaften (sofern es noch welche gibt) sind weitgehend die Hände gebunden. Sie werden gegeneinander ausgespielt und erpresst („Wenn Ihr den Lohnsenkungen nicht zustimmt, müssen wir das Werk schließen und im Billiglohnland produzieren!"). Aus den beschriebenen Abhängigkeitsverhältnissen heraus haben sich die fundamentalen Grundsatzlügen (Irrlehren) bis heute behauptet. Die da sind:

1. „Dem Zollfreihandel verdanken ‚wir' unseren Wohlstand!"

Diese Behauptung ist der absolute Schwachsinn. Denn der Zollfreihandel ermöglicht doch erst die Erpressung, unter der die Normalsterblichen alle leiden. In den meisten westlichen Staaten verzeichnen wir seit 40 Jahren trotz sensationeller produktiver Fortschritte *einen schleichenden Rückgang der Reallöhne und Renten (Seite 16)* sowie ein *massives Ansteigen der Arbeitslosenzahlen (Seite 25)*.

2. „Zölle führen zur Abschottung!"

Dies ist eine nicht minder unverschämte Tatsachenverdrehung. Ein Rückgang des umweltschädlichen Warentourismus hat mit einer *Abschottung (Seite 29)* absolut nichts gemein. Also dient auch diese Schwarzmalerei nur der Abschreckung und Desinformation.

3. „Ein Handelskrieg wäre Gift für die Weltwirtschaft!"

Eine Zollanhebung als Handelskrieg zu verkaufen bezeugt bereits die Unaufrichtigkeit vieler Demagogen. Der Zoll erweist sich nämlich nicht als Gift für die Weltwirtschaft, sondern als deren Regulator. Der Zoll sorgt für mehr Gerechtigkeit im internationalen Wettbewerb.

Würden sich weltweit höhere Zölle durchsetzen (natürlich schrittweise), hätten alle Staaten ihren Nutzen davon. Es würde dann allgemein weniger exportiert und entsprechend auch weniger importiert.

Deutschland würde dann zwar weniger Autos ausführen, dafür aber mehr eigene Fahrzeuge im Inland absetzen. Und natürlich würde sich auch die Zulieferkette langfristig verkürzen. Es würden wieder mehr Bauteile in inländischen Fabriken hergestellt. Nach Abschluss des Wandlungsprozesses wären in der deutschen Autoindustrie mehr Fachkräfte beschäftigt als jemals zuvor.

Aber die Automobilbranche ist nur ein Produktionsbereich von vielen. Entscheidender sind die vielen Branchen, die im Laufe der letzten Jahrzehnte in Deutschland ausgestorben sind. Und das nicht etwa, weil unsere Ingenieure und Forschungsabteilungen unfähig waren, sondern allein aus Kostengründen, *wegen des weltweit grassierenden Lohn-, Sozial-, Umwelt- und Steuerdumpings (Seite 42)!* Gäbe es weltweit wieder angemessene Zölle, könnten auch in Deutschland wieder TV-Geräte, Kameras, Computer, Büromaschinen, Haushaltsgeräte, Möbel, Textilien, Schuhe usw. in herausragender Qualität zu konkurrenzfähigen Preisen hergestellt werden *(Seite 30)*.

4. „Würden Zölle erhoben, wäre unser Wohlstand in Gefahr!"

Das ist wohl die schamloseste Lüge überhaupt! Denn das Gegenteil ist richtig: Würden Staaten sich vom Zollfreihandelswahn und damit auch vom globalen Lohndumping befreien, würde die Kaufkraft wieder im Gleichschritt mit der Produktivität steigen. So wie in den 1950er bis 1970er Jahren, als der Reallohn in Deutschland durchschnittlich pro Jahr um sechs Prozent zulegte. Die Warnungen vor kostentreibenden Umbrüchen betrachte ich als gezielte Panikmache. Natürlich kommt es beim grenzüberschreitenden Warentransport durch Zollkontrollen zu Zeitverlusten, natürlich werden sich dadurch bisherige Lieferketten teilweise verändern, natürlich führen die auf die Importpreise aufgeschlagenen Zölle scheinbar zu Verteuerungen.

Aber die Zolleinnahmen verschwinden schließlich nicht im Nirgendwo. Sie tragen zur Finanzierung des Sozialstaates bei, erlauben Absenkungen bei den Sozialversicherungsbeiträgen. Und die irrsinnig langen, umweltschädigenden Lieferketten (an die wir uns alle gedankenlos gewöhnt haben, als seien sie ein Muss), sind vom Arbeitsaufwand her mehr als kontraproduktiv. Sie rechnen sich nur, weil der Mensch und die Umwelt schamlos ausgebeutet werden.

Was die Zeitverluste beim Warentransport über die Grenze betrifft: Bei weltweit angemessenen Zöllen wird sich der Welthandel mehr als halbieren (weil er größtenteils unnütz ist). *Unterm Strich ist die angehimmelte „internationale Arbeitsteilung" überaus mühsam, umständlich*

und unproduktiv (Seite 34). Sie erweist sich nur als Segen für das Großkapital und für die Spekulanten (wie sich auch an der Einkommensentwicklung der letzten 38 Jahre ablesen lässt).

Wer behauptet, eine in die ganze Welt verstreute, endlos lange Pro-
duktionskette, die einen immensen zusätzlichen Bedarf an Dolmetschern, Juristen, Kontrolleuren, Logistikern, Unterhändlern etc. erfordert und allgemein zu großen Zeit- und Lieferverzögerungen führt, sei
kostendämpfend oder wohlstandsfördernd, ist in meinen Augen nicht
ganz dicht. Oder er lügt. Oder er ist gekauft, ein Lobbyist.

| **Der Vergleich...** (Parole: „Noch nie ging es uns so gut wie heute!") ||
1980	**2018**
ca. 900.000 offizielle Arbeitslose	ca. 2,3 Millionen offizielle Arbeitslose
+ ca. 300.000 Menschen in der verdeckten Arbeitslosigkeit	*+ ca. 3 Millionen in der verdeckten Arbeitslosigkeit (Seite 25)*
prekäre Beschäftigungsverhältnis-se (befristeter Arbeitsplatz, Leih- und Zeitarbeit, Zahlung unter Ta-rif, nicht planbare Zukunft usw.): nahezu unbekannt	prekäre Beschäftigungsverhältnisse: ca. 15 Millionen
Erwerbseinkommen (reale Netto-löhne und Renten), berufsbezogen (also kein verklärender Mix aus Reich und Arm): 100 %	Erwerbseinkommen (reale Nettolöh-ne und Renten), berufsbezogen: *85 % (Seite 22),* Kaufkraft also ca. 15 % niedriger als 1980
Kapitalrendite: 2 % Realrendite bei festen Spareinlagen	Kapitalrendite: 2 % Realverluste bei festen Spareinlagen
Produktivitätswachstum: jährli-cher Durchschnittswert ca. 3 %	Produktivitätswachstum: jährlicher Durchschnittswert ca. 0,6 % *(Seite 38)*
Wirtschaftssystem: Eine funktionierende soziale Marktwirtschaft.	Wirtschaftssystem: Ein Kasinokapi-talismus, der über eine Billiggeld-schwemme gestützt werden muss.
Profitieren wir also wirklich alle vom Zollfreihandel, von Frei-handelsabkommen, von der Globalisierung, der EU, dem Euro, der hohen Zuwanderung usw.?	

5. Die Globalisierung wird verharmlost und als alternativlos dargestellt.

So als ob es sich dabei um ein unabwendbares Schicksal handelt. *Die schwerwiegenden Nachteile werden ignoriert oder geleugnet (Seite 42).*

6. „Die Europäische Union und der Euro bescheren uns Frieden und Wohlstand!"

Geht es noch verlogener? Die bürokratische Transferunion drangsaliert vor allem kleine und mittelständische Unternehmen mit ihren zigtausend Vorschriften und erstickt die politische Handlungsfähigkeit ihrer Mitgliedsstaaten. Die EU setzt durch ihre Subventionspolitik marktwirtschaftliche Prinzipien außer Kraft und schürt unter den Völkern laufend Ressentiments, Neid und Missgunst!

Wer da unterm Strich irgendwelche Vorteile entdecken will, muss schon sehr blauäugig sein. Oder eben einer der vielen Nutznießer. Zigtausende Politiker aus den EU-Mitgliedsstaaten zum Beispiel begreifen Brüssel als Sicherheitsnetz ihrer Karriere. Für den Fall, dass sie im eigenen Lande einmal abserviert bzw. nicht mehr gebraucht werden. Die EU erweist sich auch für unzählige Bürokraten, Wichtigtuer, Juristen und Lobbyisten als die schönste und lukrativste ABM-Maßnahme aller Zeiten. *Näheres... (Seite 49)*

7. „Ein einzelner EU-Staat könnte im internationalen Wettbewerb nicht bestehen!"

Derlei Thesen aufzustellen ist eine Frechheit, eine Beleidigung! Denn Staaten wie Südkorea oder Japan haben mit ihrer Eigenständigkeit keinerlei Probleme! Wären souveräne europäische Staaten ohne Zollunion wirklich hilflos und dem Untergang geweiht? Wann begreift das angstschürende Panikorchester endlich, dass ein einzelnes Land schön dumm wäre, sich generell dem internationalen Verdrängungswettbewerb zu unterwerfen? Es entspringt einer verqueren Logik zu glauben, die Wirtschaft eines europäischen Staates (zum Beispiel Großbritanniens) müsse es mit den Supermächten China und den USA aufnehmen können und sei ohne Zugehörigkeit zur europäischen Transferunion hoffnungslos verloren. Warum können sich so viele scheinheilige Bedenkenträger nicht einmal gedanklich von der Perversion der derzeit bestehenden Abhängigkeiten befreien?

Auch die britische Industrienation kann, dessen bin ich mir sicher, die meisten der benötigten Konsumartikel (sogar Textilien, Schuhe, Spielwaren, Smartphones usw.) nach einer gewissen Umstellungsphase sehr

10

gut selbst herstellen. Ohne fremde Anleitung und Hilfe! Und ohne EU. Ausländische Premiummarken werden sehr schnell dahinterkommen, dass sie, wenn sie ihre Absatzmärkte im Königreich retten wollen, auf der britischen Insel eigene Werke errichten müssen, um lästige Zollaufschläge zu vermeiden. Der Markt regelt alles – wenn man ihn nur lässt und über Zölle die üblichen Wildwestmethoden unterbindet.

8. Der vorgetäuschte Fachkräftemangel ist der größte Wahnwitz!

Wer das System der manipulativen Gehirnwäsche verstehen will, sollte sich die Zeit nehmen, *diese leider etwas längere Abhandlung (Seite 55)* gründlich zu studieren. Denn der aufschlussreiche Text erklärt auch die hinterlistigen Motive der Demagogen.

9. Braucht es eine Billiggeldschwemme, um die EU und die Weltwirtschaft zu retten?

Erkennt kaum jemand den offensichtlichen Widerspruch? Wenn alles so grandios und prima ist und der Freihandel die größte Errungenschaft der Neuzeit – wozu bedarf es dann einer hochriskanten *Billiggeldschwemme (Seite 62)*, die weite Teile der Bevölkerung schleichend enteignet? Und das globale Finanzkasino noch unsicherer macht? Und den Prinzipien der Marktwirtschaft zuwiderläuft?

Die Billiggeldschwemme und die damit verbundenen gigantischen Anleihekäufe (Staatsfinanzierungen) der Zentralbanken liefern den eindeutigen Beleg für das Scheitern der verzahnten Weltwirtschaft (und der EU). Wer kann oder wer will das noch bestreiten?

10. Ist die extreme Ex- und Importabhängigkeit etwas Positives?

Haben Kapital, Politik und Medien nicht einmal Skrupel, die extreme *Ex- und Importabhängigkeit (Seite 28)* als Vorteil zu verkaufen? „Wir leben vom Export!" heißt es aus scheinbar berufenem Munde. Wie lange will man an diesem Ammenmärchen noch festhalten?

11. Stehen unsere Regierungen dem unseligen Monopolisierungstrend machtlos gegenüber?

Oder könnte sehr wohl die Macht der Konzerne zurückgefahren werden? Wie einfach wäre es doch, mit Filial-, Monopol- und Mindestertragssteuern zur Chancengleichheit der Marktteilnehmer beizutragen und gleichzeitig die Steuerflucht zahlreicher Global Player auf elegante Weise zu unterbinden? Die Einnahmen aus diesen Quellen könnten dazu dienen, die Lohnnebenkosten deutlich abzusenken. *(Seite 66)*

12. Warum muss der Sozialstaat vornehmlich über den Faktor Arbeit finanziert werden?

Es ist doch geradezu grotesk und menschenverachtend, den ausufernden Sozialstaat ausgerechnet *über den Faktor Arbeit zu finanzieren (Seite 69)!* Es ist, als hätte man einen Spaß daran, Arbeitsplätze zu vernichten und möchte, dass Fabriken in Billiglohnländer verlagert werden. In Staaten, in denen Umwelt- und Arbeitsschutzauflagen vernachlässigt werden. Daran sollten auch die Grünen gelegentlich denken.

Das Natürlichste von der Welt wäre, Kranken- und Rentenversicherungen über Zölle, Konsum- und Konzernsteuern zu finanzieren. Warum geschieht das nicht?

13. Ist es das Ziel vieler deutscher Politiker, der Bevölkerung eine nie endende Kollektivschuld aufzubrummen?

Will man die Untertanen damit disziplinieren und gefügig machen für bürger- und staatsfeindliche Ansinnen und Zumutungen, für die schleichende Aufgabe der eigenen Souveränität, die grenzenlose Aufnahme von Migranten, den Verzicht auf eine eigene Währung? Will man die Bevölkerung über den anerzogenen Schuldkomplex empfänglich machen für neuerliche Reparationszahlungen, für die EU-Transferunion, eine europäische Bankenhaftung, Schuldenerlasse usw.? Wird die Erinnerungskultur mit Absicht betrieben und die *„Vergangenheitsbewältigung" (Seite 70)* bewusst instrumentalisiert? Werden von manchen Mahnern am Ende gar egoistische Ziele verfolgt – in der Hoffnung auf persönliche Anerkennungen und Ehrungen (vor allem aus dem Ausland)?

14. Gute Menschen, böse Menschen ...

Böse Menschen nennt man gerne „Populisten", obwohl sie oft nur „Realisten" sind. Verträgt unsere Demokratie heute keinen Widerspruch mehr? Darf es nur die Meinung der herrschenden Klasse geben? Die im Namen der vermeintlichen Menschlichkeit mit den mühsam erarbeiteten Steuergeldern der Gering- und Durchschnittsverdiener äußerst spendabel umgeht und das globale Anspruchsdenken schürt? Ein gutes Beispiel für die *Überstrapazierung der Menschenrechte (Seite 75)* liefert der aktuelle UN-Migrationspakt.

15. Der Fraktionszwang schließt den Teufelskreis aus Desinformation und Abhängigkeiten!

Er degradiert Volksvertreter zu Marionetten der Parteispitzen. Entgegen den Bestimmungen unserer Verfassung verhindert der Fraktionszwang (oft verharmlost als „Fraktionsdisziplin"), dass der einzelne Abgeordnete seinem eigenen Gewissen folgt. Auf diese Weise kann die Kapitallobby immer wieder ihre egoistischen Anliegen durchsetzen.

Denn in der Regel folgt eine Partei den Empfehlungen ihrer Expertenkommission. Der einzelne Abgeordnete wird somit entmündigt, kennt sich in vielen Belangen (zum Beispiel den fundamentalen weltwirtschaftlichen Zusammenhängen) auch gar nicht mehr aus (weil er eh nicht gehört wird). So wird die Idee der repräsentativen Demokratie ad absurdum geführt. Dabei ließe sich die Problematik über *geheime Abstimmungen im Parlament (Seite 86)* ganz leicht lösen.

Die Arroganz der Macht!

Das Tragische ist, dass auch die vielgepriesene *Edelpresse (Seite 92)* und das einflussreiche *Staatsfernsehen (Seite 88)* in entscheidenden Belangen ausgesprochen einseitig und voreingenommen ist. So haben zum Beispiel Politiker und Parteien, dies es wagen, den Zollfreihandel, die EU und den Euro abzulehnen oder deren Sinn kritisch zu hinterfragen, einen ausgesprochen schweren Stand. Die vermeintlichen Querulanten werden zu öffentlichen Prügelknaben, die verbal nach allen Regeln der Kunst verunglimpft und abgestraft werden.

Wer sich anmaßt, in den Grundsatzfragen (Zollfreihandel, EU, Euro Migration) eine vom herangezüchteten Mainstream abweichende Meinung zu vertreten, gilt schnell als Rechtspopulist, Undemokrat oder Rassist. Manche hochdotierten Redakteure steigern sich in ihren Hasstiraden regelrecht in einen Rausch, werfen ihren Feinden abgrundtiefen Egoismus, pure Dummheit und die Spaltung der Gesellschaft vor. Ohne zu merken, dass sie selbst es sind, die an Wahrnehmungsproblemen leiden. In ihrer grenzenlosen Selbstüberschätzung, ihrer eingebildeten geistigen Überlegenheit, haben sie die Grundsätze der Demokratie aus den Augen verloren. Denn wie heißt es so schön: „Die Demokratie lebt vom Widerspruch!". Dessen sollte sich auch ein Starjournalist bewusst sein.

Gegen die geballte Macht der politischen Einflussnahme ist kaum ein Ankommen. Ein Hoffnungsschimmer kam auf, als über das Internet unliebsame Wahrheiten aufgedeckt werden konnten. Aber inzwischen ist auch diese „Sicherheitslücke" weitgehend abgedichtet. Vom Kapital angeheuerte Redakteure beherrschen wichtige Foren und die Suchmaschinen sind auch schon lange nicht mehr das, was sie anfangs einmal waren. Im Suchmaschinenranking haben private Einzelkämpfer kaum noch eine Chance, weit nach vorne zu kommen. *Denn die großen staatlichen Bildungsplattformen beherrschen gemeinsam mit den Großverlagen und Medienkonzernen die Szene (Seite 96).* Das hängt auch damit zusammen, dass bei den Suchmaschinen de facto ein Monopol existiert, das nach selbstdefinierten, unkontrollierbaren Algorithmen über die Relevanz der Einträge bestimmt.

Ich bin ein Optimist!
Deshalb vertraue ich auch darauf, dass sich am Ende die Vernunft doch noch durchsetzt und die täglich zunehmenden produktiven und wissenschaftlichen Fortschritte der Menschheit zugute kommen. Es gilt lediglich, die von falschen Propheten verbreiteten Irrlehren zu entlarven und abzubauen.

In erster Linie bedeutet dies, jegliche künstlich aufgestachelte Aversion gegen den Zoll abzulegen und die Bevölkerung nicht länger mit haltloser Propaganda zuzumüllen.

Und in zweiter Linie bedeutet es, dem steten *Bevölkerungswachstum (Seite 80)* entgegenzuwirken. Also deren fatalen Auswirkungen auf die Umwelt, den Hunger in der Welt und die Zukunft der Menschheit nicht länger zu ignorieren, sondern bei jeder Gelegenheit offen anzusprechen.

> *„Das Natürlichste von der Welt wäre, Kranken- und Rentenversicherungen über Zölle, Konsum- und Konzernsteuern zu finanzieren.*
> *Warum geschieht das nicht?"*

Erläuterungen zu den im Grundtext (Kapitel 1) aufgestellten Thesen

Das kapitalistische Ermächtigungsgesetz

Über das wichtigste wirtschaftspolitische Prinzip wird leider nicht öffentlich diskutiert: Wie kommt es überhaupt, dass das Kapital so viel Macht hat und sowohl die Menschheit als auch die Staaten dieser Welt ausbeuten und gegeneinander ausspielen kann?

Die Antwort ist verblüffend einfach: Allein der Abbau der Zölle vollbrachte dieses „Wunder". Die Systematik ist schnell erklärt: Bei angemessenen Zöllen (wie man sie früher ja hatte) lohnen sich Produktionsverlagerungen ins Ausland nicht. Wenn beispielsweise ein Waschmaschinenhersteller seine Fabriken von Deutschland nach Polen verlegt, um Lohnkosten und Steuern zu sparen, kann der Einfuhrzoll sämtliche Einsparungen zunichte machen. Mitsamt der zusätzlichen Transportkosten kämen die in Polen produzierten Waschmaschinen am Ende teurer als die im Inland gefertigten Konkurrenzangebote. Der abtrünnige Hersteller könnte in Deutschland kaum noch Geschäfte machen, seine Geräte würden hier zu Ladenhütern.

Fazit: Bei angemessenen Einfuhrzöllen sind Hersteller gut beraten, in dem Land zu produzieren, in dem sie die Waren verkaufen und Gewinne machen möchten. Der Abbau der Zölle (also die Globalisierung) bedeutet letztlich eine Machtumkehr: Bei Zöllen halten die Regierungen das Heft in der Hand und Arbeitnehmer können nicht ausgebeutet werden. Entfernt man die Zollschranken, entwickelt sich das genaue Gegenteil, das Kapital und die Konzerne haben dann das Sagen.

Alle unsere Probleme resultieren aus dieser Machtumkehr!
Die gigantische Staatsverschuldung, der Abbau einstiger sozialer Errungenschaften, die rückläufige Entwicklung der realen Arbeitseinkommen und Renten sind letztlich nur die logischen Folgen des Zollabbaus.

Kein Wunder also, dass das Kapital mit allen Mitteln diese Machtumkehr herbeigeführt hat. Es darf deshalb auch nicht überraschen, wenn durch Parteispenden oder andere Vergünstigungen beeinflusste Politiker und die Redakteure der kapitalistisch ausgerichteten Medienkonzerne die Globalisierung (also den zollfreien Welthandel) schönreden.

Lohnentwicklung in Deutschland

Alles wurde schlechter...

Seit 1980 sind die inflationsbereinigten Nettolöhne und Renten in Deutschland um etwa 15 % gesunken. Und dass, obwohl die Produktivität sich fast verdoppelte. Anstelle eines Wohlstandszuwachses von ca. 100 % hat sich eine deutliche Verschlechterung eingestellt.

Die Faustregel des produktiven Fortschritts: Wohlstands-Verdoppelung alle 25 Jahre! Rechnet man von 1880 bis 1980 die Kriegsjahre und deren Folgen heraus, kam es in Deutschland und anderen Industrienationen binnen 25 Jahre zumindest zu einer Verdoppelung des allgemeinen Wohlstands (der Nettoreallöhne und Renten).

Seit 1980 gilt diese Faustregel nicht mehr: Statt der Wohlstandsverdoppelung ging es nur noch bergab. Wenn es immer wieder heißt, die EU und die Globalisierung bringen uns mehr Wohlstand, dann möchte ich nicht wissen, wie es ohne diese beiden „Wohlstandsfaktoren" ausgesehen hätte. Wäre Deutschland dann zu einem industriellen Entwicklungsland verkommen? Wie kommt es eigentlich, dass die Schweiz ohne EU und Euro Deutschland bei den Reallöhnen so weit abgehängt hat?

Lohnsenkungen trotz doppelter Produktivität?

Leider mogeln sich Politik und Medien um dieses zentrale Thema herum. Sie wollen den Widerspruch nicht sehen und vor allem nicht diskutieren. Denn würde in aller Offenheit darüber geredet, kämen unweigerlich unliebsame Wahrheiten ans Tageslicht. Es würde deutlich, dass weder die Globalisierung noch die EU zur Wohlstandssteigerung etwas beigetragen haben, ganz im Gegensatz zu dem, was immer wieder von allen Seiten beteuert wurde. Es würde offenbar, dass im Gegenteil EU und Globalisierung systematische Wohlstandkiller sind. Denn es leuchtet ja durchaus ein: Ein Land ohne vernünftige Zollgrenzen kann sich gegen das globale Dumpingsystem nicht wehren – ein Land ohne Zollgrenzen muss unweigerlich mitmachen beim absurden Unterbietungswettbewerb. Nutznießer dieser falschen Wirtschaftspolitik sind vor allem das Großkapital, also Konzerne und Spekulanten – zufällig genau die, die großen Einfluss auf die Medien und Politik ausüben.

Auch die Arbeitsbedingungen verschlechterten sich!

Durch das perverse globale Dumpingsystem sinken aber nicht nur Löhne und Renten, auch die Arbeitsbedingungen verschlechtern sich. Die Leistungsanforderungen und der Stress nehmen zu, der Kampf um die knapper werdenden Jobs wird härter. Für gering qualifizierte Arbeitnehmer oder Leistungsschwächere ist in unserer Arbeitswelt kaum noch Platz – die Wirtschaft kann nur noch extrem belastbare Topleute gebrauchen, die nicht aufmucken, sich gehorsam und bescheiden geben.

Von 1900 bis 1980 hat sich die Kaufkraft (der Wohlstand) mindestens verfünffacht!
Nun wird gerne die missliche Entwicklung der inflationsbereinigten Nettolöhne seit 1980 mit allerlei Widrigkeiten begründet. Eine reife Volkswirtschaft könne nun einmal nicht so wachsen, die demographische Entwicklung, die Kosten der Wiedervereinigung usw. seien Schuld. Aber diese Ausflüchte kann ich nicht gelten lassen! Denn schon vor hundert Jahren nahm die „Vergreisung" der Gesellschaft ihren Anfang, auch damals gab es gesellschaftliche Umbrüche und gesättigte Märkte – und die Folgekosten der beiden Weltkriege waren ungleich höher als die der friedlichen Wiedervereinigung.

Fest steht, dass von 1900 bis 1980, in einer Zeit funktionsfähiger Zollgrenzen (also ohne EU und Globalisierung), der allgemeine Wohlstand (die Reallöhne) sich mindestens verfünffacht haben. Berücksichtigt man die Kriegs- und Nachkriegszeiten, so bleibt festzustellen, dass die Verfünffachung des Wohlstandes sich de facto in 50 Jahren vollzog.

„Aber der Normalbürger kann sich heute doch viel mehr leisten als vor 30 Jahren..." Vorurteile sind kaum auszurotten. Trotzig beharren viele Zeitgenossen darauf, dass es Otto Normalbürger heute besser geht als vor 30 Jahren. Seltsamerweise aber sind die Wortführer dieser „Wohlstandstheorie" selten älter als 30 oder 40 Jahre – sie haben den damaligen Standard selbst kaum miterlebt.

Dabei wird leider auch immer wieder der Reallohn mit dem allgemeinen Wohlstand gleichgesetzt. Es wird ignoriert, dass zum heutigen Wohlstand im Gegensatz zu früher mehr Erbschaften, Kapitalerträge und Spekulationsgeschäfte beitragen. Es wird „übersehen", dass der Wohlstand zum Teil auf Pump finanziert wurde (höhere Staats- und Privatverschuldung). Es wird missachtet, dass der Normalbürger inzwischen viel mehr in seine Ausbildung investieren muss (es wird der Akademiker mit dem damaligen Facharbeiter verglichen) und damit die Zahl der Erwerbsjahre geringer ausfällt. Und es werden schließlich auch noch die eindeutigen Loser der Globalisierung aus den Köpfen verbannt.

Trügerische Inflationsraten!

Die Berechnung der Inflationsrate ist ein Mysterium. Kein normaler Erdenbürger kann sie nachvollziehen. Dabei ist sie von hoher politischer Relevanz. Denn je geringer die Inflationsrate (offiziell) ausfällt, desto besser für die Lohnentwicklungsbilanz. Es kann ein Wohlstandsanstieg vorgegaukelt werden, der gar nicht existiert. Zudem hilft eine schöngerechnete Inflationsrate den Arbeitgeberverbänden bei den jährlichen Lohnverhandlungen. Und, was noch viel wichtiger ist: Die EZB nutzt die scheinbar niedrige Geldentwertung als Legitimation für ihre hochriskante *Billiggeldschwemme (Seite 62).*

Die Preisentwicklung eines undurchsichtigen Warenkorbes bestimmt die Inflation.

Doch wer weiß schon, was dieser Warenkorb alles beinhaltet, wie umfassend er ist und auf wen er überhaupt einigermaßen zutrifft. Denn aus dem Warenkorb wird ein großes Geheimnis gemacht. Angeblich soll er sich aus 750 verschiedenen Waren und Dienstleistungen zusammensetzen – was aber hinter den Kulissen wirklich geschieht, weiß außer den eingeweihten Statistikern niemand.

Hier in Schleswig-Holstein wurden zum Beispiel die Grunderwerbssteuern (die beim Hauskauf anfallen) im letzten Jahrzehnt um über 100 Prozent angehoben. In meiner Heimatstadt Flensburg wurde vor drei Jahren die jährlich anfallende Grundsteuer auf Immobilien um ca. 50 % erhöht (um die Kitas zu finanzieren). Die Kosten für die Fernwärme und den Strom stiegen ebenfalls rasant. Dies war um so erstaunlicher, da doch der Rohölpreis sich im gleichen Zeitraum halbierte. Dabei hatte gerade der Verfall der Gas- und Rohölpreise die offizielle Inflationsrate stark nach unten gedrückt. Was aber hat der Verbraucher davon (für mich machte sich das nur minimal an der Zapfsäule bemerkbar). Unterm Strich gab ich für meinen Energiebedarf ca. 25 Prozent mehr aus als fünf Jahre zuvor (trotz sinkender Rohölpreise).

Nun wird immer wieder betont, die Inflationsrate könne halt nur Durchschnittswerte ermitteln, individuell betrachtet falle sie für jeden Bürger unterschiedlich aus. Doch ich traue dem Frieden nicht. Denn sehr viel anders als in Flensburg werden die Verhältnisse im übrigen Deutschland nicht sein. Wenn ich zum Beispiel an die Entwicklung der Immobilienpreise und der Mieten denke – wo und wie schlägt sich das in der Inflationsrate wieder? Wohnhäuser und Eigentumswohnungen sind in den letzten Jahren um bis zu 100 % teurer geworden (vor allem in den Ballungsgebieten). Aber die Geldentwertung scheint das nicht sonderlich zu tangieren. Auch die Mieten bewegen sich kontinuierlich nach oben. Befinden sich Immobilien und Mietwohnungen womöglich gar nicht im sagenumwobenen Warenkorb? Das kann doch wohl nicht sein.

Die Mieten steigen aber noch aus einem anderen Grund: Wegen der durch die Billiggeldschwemme herbeigeführten Niedrigzinsen und der staatlichen Förderungs- und Subventionspolitik wird renoviert bis zum Gehtnichtmehr. Die begehrten preisgünstigen Wohnungen werden immer rarer und viele Mieter müssen nun notgedrungen auf teure Komfortwohnungen zurückgreifen, die sie sich eigentlich gar nicht leisten können und wollen. Es ergeben sich aus diesem Trend für Millionen Haushalte extreme finanzielle Verschlechterungen – aber die Inflationsstatistik bleibt davon unberührt.

Auf der anderen Seite verursacht die Billiggeldschwemme hohe Einkommensverluste bei allen Leuten, die sich fürs Alter etwas aufgespart haben. Nicht einmal mehr die mickrige offizielle Inflationsrate wird über Zinseinkünfte ausgeglichen. Der Schaden scheint mir in Wirklichkeit aber weit höher, da die jährliche durchschnittliche Inflationsrate womöglich doppelt so hoch ist wie angegeben. Die schleichende Enteignung wäre dann weit dramatischer als angenommen. Und zusätzlich wächst mit der Billiggeldschwemme auch noch das Risiko eines Totalverlustes – wie weite Teile der deutschen Bevölkerung ihn bereits Anfang der 1920er Jahre und nach dem 2. Weltkrieg erlebt haben. Wann kippt das Vertrauen in den widersprüchlichen Euro, kommt es zu einem Crash? Zahlreiche Finanzexperten fürchten das Schlimmste.

Steigende Krankenkassenbeiträge ...
Nicht nur die Beitragssätze zu den Sozialversicherungen wurden angehoben – auch die Bemessungsgrenze stieg kontinuierlich. Und so litten viele sogenannte Besserverdiener unter einem Doppeleffekt: Obwohl ihre Einkommen von Jahr zu Jahr sanken, stiegen ihre Abzüge und Beiträge überproportional. Was sagen die klugen Inflationsstatistiker dazu? Vermutlich nichts.

Die Nichtachtung von Qualitätseinbußen ...
Seriös lässt sich nur Gleiches mit Gleichem vergleichen. Doch der technologische Fortschritt und neue Produktionsverfahren sorgen in vielen Bereichen für eine Verbesserung der Produkte. Autos, Fernseher und

Computer sind heute besser und leistungsstärker als früher. In die Inflationsrate einpreisen lässt sich dieser Effekt kaum, weil er auch dem Sinn der Berechnung widersprechen würde. Es soll schließlich nicht der technische Fortschritt erfasst werden, sondern die Veränderung der Kaufkraft.

Der Wert eines Produktes ist eh relativ. Eine Spiegelreflexkamera war zwar zur anlogen Zeit (als noch mit Filmen fotografiert wurde) weniger leistungsfähig – das Endprodukt (das Foto) hatte aber einen ganz anderen Stellenwert. Ein gutes Foto hatte damals etwas Besonderes, war ein wertvolles Zeitdokument und genoss dementsprechend eine hohe Aufmerksamkeit. Mit der heutigen Bilderflut hat sich der ideelle Wert rasant vermindert, selbst ein gutes Foto findet kaum noch Beachtung. Zumal heute auch leicht Zweifel an der Echtheit einer Aufnahme aufkommen – weil die Manipulationsmöglichkeiten so einfach geworden sind.

Nicht weniger zweifelhaft ist die Steigerung der Leistung bei Computern. Meine 15 Jahre alten Geräte reichen mir vollkommen, es gibt keine Neuerungen, die ich brauche oder nutze. Trotzdem werde ich indirekt genötigt (erpresst), mir alle paar Jahre einen neuen Rechner anzuschaffen – weil ich viele Internetseiten mit meinen alten Computern nicht mehr öffnen kann (es dabei zum Abbruch kommt).

Das Problem: Mit den neuen Geräten lassen sich meine alten Programme nicht mehr verwenden. Für sie gibt es keine Updates, auch weil manche Softwareunternehmen gar nicht mehr existieren. Mein sauteures, professionelles Textprogramm „Pagemaker" zum Beispiel, mit dem ich wirklich alles anstellen kann (welches ich auch zur Satzherstellung meiner Bücher verwende), läuft auf neuen Computern nicht mehr. Ich muss mir nun für einige tausend Euro ein neues professionelles Textprogramm zulegen (was nicht mehr leistet als mein altes), das neue Programm erlernen und meine alten Texte zeitaufwendig umfriemeln. Meinen persönlichen Schaden (wenn ich den Zeitaufwand einrechne) schätze ich allein für dieses eine Programm auf 10.000 Euro. Da drückt also die Evolution bei Computern die Inflationsrate nach unten, obwohl mir (und vielen Leidensgenossen) hohe Zusatzkosten, Stress und Ärger entstehen und ich, wie gesagt, die neuen Computer eigentlich gar nicht bräuchte.

Auch der Vergleich beim Autofahren hinkt gewaltig. Zwar sind die heutigen Autos besser als vor 30 oder 40 Jahren – das Fahrvergnügen hat dennoch rapide gelitten. Damals fuhr ich in Schleswig-Holstein auf fast leeren Autobahnen – heute reiht sich ein Stau an den anderen und auch die Städte sind inzwischen ein einziger Hindernisparcours. Zumal es offensichtlich ein Herzenswunsch vieler Stadtväter ist, so viele Baustellen wie möglich über Jahre offenzuhalten. Nur hin und wieder sieht man mal einige Bauarbeiter. Zählt bei der Angebotsabgabe etwa nur der Preis, spielt die Bauzeit keine große Rolle?

Bezüglich der Wohnqualität sieht es oft nicht besser aus. Der lärmende Straßenverkehr ist in vielen Gegenden kaum noch auszuhalten, ebenso wie die Verspargelung der Landschaft durch Windparks. Möchten Sie in der Nähe einer großen Windkraftanlage wohnen? All diese Nachteile finden in der Inflationsberechnung keinen Widerhall.

Eine Verschlechterung der Lebensqualität zeigt sich auch bei der Nahversorgung mit Lebensmitteln. Die meisten Menschen sind heute auf ein Auto angewiesen, weil es den berühmten Tante-Emma-Laden um die Ecke nicht mehr gibt.

Apropos Handel: Der ruinöse Verdrängungswettbewerb (resultierend aus der Aufhebung der Preisbindung) hat zwar wie gewünscht die Inflationsrate etwas gedrückt – aber zu welchem Preis? Das bequeme, sorgenfreie Einkaufen gehört inzwischen der Vergangenheit an. Der Normalbürger investiert (vergeudet) heute einen Teil seiner kostbaren Freizeit mit Preisrecherchen (um ja nicht zu viel zu bezahlen). Und der Handel ist gezwungen, die Republik Woche für Woche mit einer Flut von Werbeprospekten zu überschwemmen (kostenmäßig nicht gerade sinnvoll). Inzwischen ist der Preiskampf im Internet derart eskaliert, dass es im technischen Bereich kaum noch Waren gibt, die nicht weit unter Einkaufspreis feilgeboten werden. Im Endeffekt setzen sich womöglich nur solche Versender durch, die mit illegalen Methoden arbeiten (zum Beispiel über sogenannte Karusselgeschäfte die Mehrwertsteuer hinterziehen). Denn keine Firma kann auf Dauer vom Zusatz leben.

Fazit: Wenn es um Qualitätsverbesserungen geht, sind die Statistiker schnell dabei, dies in die Berechnung einfließen zu lassen – weil es die Inflationsrate wie gewünscht nach unten drückt. Umgekehrt aber werden die deutlichen Verschlechterungen nicht eingepreist (falls sie überhaupt bemerkt werden).

Leider fehlt es überall an Transparenz. Kein Außenstehender weiß, wie sich der imaginäre Warenkorb, der die Basis für die Berechnung bildet, zusammensetzt und wie die Inflationsrate ermittelt wurde. Ich weiß nur soviel: Der Staat hat ein Interesse daran, die Inflationsrate kleinzurechnen. Denn so lässt sich eventuell ein Wohlstandsanstieg vortäuschen, der tatsächlich nicht vorhanden ist. Es scheint alles im Lot zu sein („Uns geht es doch gut und es wird immer besser.").

„Aber das stimmt doch gar nicht, der Reallohn ist deutlich gestiegen..."

Leider werden von Politikern und Publizisten unliebsame Realitäten gerne ausgeblendet und zur Beruhigung verschleiernde Bilanzen aufgetischt. Nicht einmal das deutliche Absinken der Nettolöhne seit 1980 will man sich und dem Volk eingestehen. Getrickst wird bei diesen Vertuschungen mit allen Mitteln. Einige Beispiele:

1. Darf man die Inflation ignorieren? Lohnanstiege lassen sich leicht vortäuschen, indem man einfach die Inflation unberücksichtigt lässt oder die *Inflationsstatistiken (Seite 18)* schönt.

2. Brutto statt netto ... Das Gleiche geschieht mit der Nichtberücksichtigung von Abzügen – dem beliebten Brutto-Verwirrspiel. Aber was nützt ein höherer Bruttolohn, wenn netto immer weniger übrigbleibt? Schon die kalte Progression (der Umstand, dass durch die Inflation Erwerbstätige in höhere Steuerklassen rutschen) erhöht die Abgabenlast.

3. Bundesdurchschnitt statt ehrliche Einkommensentwicklung der einzelnen Berufssparten ... Es werden keine berufsspezifischen Vergleiche angestellt, sondern die allgemeine Einkommensentwicklung aller sozialversicherungspflichtigen Arbeitnehmer. Es wird also der heutige Diplomingenieur mit dem damaligen Fließbandarbeiter in einen Topf geworfen. Ein völliger Schwachsinn! (Die Abiturientenquote hat sich seit den 1950er Jahren fast verzehnfacht.)
Aber trotz aller Tricks: Sogar der Durchschnittslohn ist gesunken! Obwohl sich die Produktivität seit 1980 mehr als verdoppelt hat! Aber Statistiken darüber werden wohlweislich gemieden.

4. Höhere Zuzahlungen und schlechterer Versicherungsschutz fallen unter den Tisch ...
Es werden keine Sonderregelungen berücksichtigt. Die Selbstbeteiligung im Gesundheitswesen wurde zum Beispiel zunehmend ausgebaut (Zuzahlungen zu Arzneien, eingeschränkter Zahnersatz, Praxisgebühr (inzwischen wieder abgeschafft), keine Kostenbeteiligung bei Sehhilfen usw.), weitere Leistungen teilweise gekürzt (zum Beispiel Einsparung des Sterbegeldes). In vielen Bundesländern wurde ein kirchlicher Feiertag ersatzlos gestrichen und dem „Fortschritt" geopfert.

5. Selbst die Verschlechterung der Arbeitsbedingungen bleibt unbeachtet ... Die Schichtarbeit wurde deutlich erweitert und die diesbezüglichen Erschwerniszuschläge abgesenkt. Im Durchschnittslohn-Eintopf von heute befinden sich also viel mehr Schichtarbeiter als früher (dennoch sind die Reallöhne trotz höherer Qualifikation gesunken). Ebenso haben Firmen laufend Personal eingespart, auf Kosten der anderen Mitarbeiter – Leistungsdruck und Stress sind gewachsen.

6. Abbau der übertariflichen Leistungen ...

1980 waren übertarifliche Leistungen von 10 bis 20 % bei vielen Firmen Pflicht (weil sie sonst keine Leute fanden). Heute ist es umgekehrt, es wird oft genug unter Tarif gezahlt. 1980 wurden die reichlich gemachten Überstunden mit hohen Aufschlägen finanziell vergütet, heute erwarten viele Chefs unbezahlte Überstunden oder ein Abfeiern.

1980 überboten sich die Firmen mit großzügigen Sozialleistungen (billige Firmenwohnungen, Firmenwagen-Nutzung, Betriebsrenten, subventioniertes Kantinenessen, Fahrgeldzuschuss usw.). Heute sind derlei Draufgaben weitgehend unbekannt.

7. Und sogar der Rentenanspruch fällt geringer aus ...

Ist in irgendeiner Statistik der Einkommensentwicklung schon jemals berücksichtigt worden, dass schließlich auch die erarbeiteten Rentenansprüche spürbar einbrachen? Dabei gehört dieser Aspekt doch unmittelbar dazu! Die Renten sind seit gut drei Jahrzehnten stetig abgesunken. Wer heute malocht, bekommt trotz hoher Beitragszahlungen später vielleicht nur eine Rente auf Hartz-IV-Niveau, der Grundsicherung. Dann waren lebenslange Beitragszahlungen für die Katz.

Heute erwartet der Staat von den Arbeitnehmern den Aufbau einer privaten Zusatzrente, die die Betroffenen natürlich aus eigener Tasche bezahlen sollen (trotz stetig sinkender Reallöhne). Die für die Zusatzrente aufgewendeten Gelder (erforderlich wären im Durchschnitt etwa 200 Euro monatlich) müssten also vom heutigen Nettolohn abgezogen werden, um einen sauberen Vergleich mit 1980 zu ermöglichen.

Davon abgesehen: Die hochriskante Billiggeldschwemme der EZB, die die europäische Wirtschaft vor dem Zusammenbruch bewahren soll, macht eine private Altersvorsorge fast unmöglich (führt auch in dieser Hinsicht zu starken Verlusten).

Die Reallohneinbußen sind höher als amtlich eingestanden ...

Allein schon an dieser kleinen Aufzählung (die sich munter fortführen ließe) wird deutlich, wie sehr amtliche Statistiken von der Wahrheit entfernt sind. Zwar lassen einige veröffentlichte Zahlen bisweilen durchblicken, dass die Reallöhne in den letzten 10 oder 15 Jahren nicht gestiegen sind – das ganze Ausmaß der Tragödie wird aber nicht preisgegeben (wie würde die Öffentlichkeit wohl darauf reagieren?).

Berücksichtigt man alle relevanten Faktoren, kommt man in den meisten Berufszweigen sicherlich auf einen realen Einkommensverlust in Höhe von 20 bis 30 %. Sogar das durchschnittliche Erwerbseinkommen in Deutschland dürfte entsprechend gesunken sein. Aber leider gibt es darüber keine amtlichen Zahlen oder sie werden einfach nicht herausgerückt. Dabei handelt es sich hier um einen äußerst wichtigen, systemrelevanten Aspekt.

Die Aktienkonzerne geben den Ton an! Auffällig ist, dass vornehmlich die Lenker und Mitarbeiter der Aktienkonzerne vom allgemeinen Lohnabbau verschont blieben. Fließbandarbeiter in den Autofabriken zum Beispiel kommen oft auf deutlich höhere Jahres-Nettoeinkommen als Ärzte, Apotheker, Juristen, Architekten usw. Angesichts dieser Interessenlagen darf es nicht verwundern, warum die Globalisierung und die EU von manchen Leuten so vehement verteidigt werden.

Liebe Politiker, werte Ökonomen und Journalisten,
gesteht endlich ein, dass die realen Nettolöhne seit 1980 um mindestens 15 Prozent gesunken sind, obwohl sich die Produktivität in dieser Zeit verdoppelt hat. Vergleicht nicht Äpfel mit Birnen! Ein Informatik-Ingenieur, der mit 28 Jahren erst richtig zu verdienen anfängt und im günstigsten Fall auf 35 Berufsjahre in seinem Leben kommt, darf nicht gleichgesetzt werden mit einem Facharbeiter vor 30 Jahren, der bereits als 18jähriger gut verdiente. 10 Jahre zusätzliche Ausbildung bedeuten nicht nur 10 Jahre Verdienstausfall, sondern auch beträchtliche zusätzliche Kosten während der langen Schul- und Studienzeit.

Aufrichtig und ehrlich wäre es, das Nettoeinkommen eines Kfz-Mechanikers, einer Bürokauffrau, einer Verkäuferin, eines Ingenieurs von 1980 berufsspezifisch mit dem inflationsbereinigten Nettolöhnen von heute zu vergleichen (wobei natürlich auch die schlechteren Kranken- und Rentenleistungen berücksichtigt werden müssten). Nur eine solche Statistik macht wirklich Sinn! Aber das traut sich keiner – die Wahrheit tut weh und ist unerwünscht. Denn die Bevölkerung könnte erkennen, dass die Globalisierung und die EU uns alles andere als einen zusätzlichen Wohlstand bescheren.

Die Tricks bei der Berechnung der Arbeitslosenzahlen:

1. Wer in Arbeitsbeschaffungsmaßnahmen untergebracht wird, zählt nicht mehr als arbeitslos. Auf diese Weise ließen sich bereits <u>sämtliche</u> Erwerbslosen aus der Statistik tilgen.

2. Erwerbslose, die über 58 Jahre alt sind, fallen aus der Statistik heraus (weil kaum noch vermittelbar).

3. Erwerbslose, die zu Weiterbildungen oder Umschulungen genötigt werden, belasten auch nicht die Arbeitslosenstatistik.

4. Wer krank ist, kann schließlich auch nicht arbeiten und braucht deshalb nicht als Arbeitsloser gezählt werden.

5. Wer Arbeit sucht, aber aufgrund seiner Vermögensverhältnisse keine Sozialleistungen beanspruchen kann, fällt auch aus der Statistik.

6. Wer Aufstocker ist oder einer Scheinselbständigkeit nachgeht (die kaum etwas bringt) steht dem Arbeitsmarkt nicht mehr zur Verfügung.

7. Ein-Euro-Jobber und geringfügig Beschäftigte verabschieden sich auch aus der Statistik.

8. Wer traumatisiert, psychisch krank oder arbeitsunfähig ist, wird gleichfalls ausgegliedert (für manche Langzeitarbeitslose ein willkommenes Schlupfloch).

9. Wer sich in langjährigen Asylverfahren befindet, steht dem Arbeitsmarkt auch nicht so recht zur Verfügung. **Usw. usw.**

Entwicklung der offiziellen Arbeitslosenzahlen:

1962 = 142.000, 1980 – ca. 900.000, 2018 = ca. 2,3 Millionen. Aber: Die offiziellen Arbeitslosenzahlen sind heute ein Witz (siehe oben). 1962 kannte man keine Bilanzierungstricks und brauchte sie auch nicht, auch 1980 wurden sie kaum angewendet. Aber heute??? Da wird getrickst, bis sich die Balken biegen. Selbst viele Politiker fallen auf diesen Schmu herein! Um das Maß der Täuschung und Verschleierung voll zu machen, wird genussvoll mit dem absoluten Arbeitslosenhöchststand des Jahres 2005 verglichen (wo sich die statistische Auslagerung der Erwerbslosen noch im Aufbau befand). Und dann wird salbungsvoll erklärt, Exkanzler Gerhard Schröder (SPD) habe durch die Agenda 2010 das Problem gelöst und ein neues Wirtschaftswunder bewirkt. Obwohl doch alle wissen, dass sich die derzeitige Scheinblüte allein auf die seit zehn Jahren anhaltende Billiggeldschwemme (Nullzinspolitik) stützt. Welch eine Schmierenkomödie!

Wie ehrlich ist die Arbeitslosenstatistik?

„So viele Beschäftigte hatten wir noch nie!"
Gibt es derzeit wirklich ein Beschäftigungswunder, weil wir in Deutschland die niedrigsten amtlichen Arbeitslosenzahlen seit 1993 aufweisen können? Zunächst einmal: Die amtlichen Arbeitslosenzahlen sind wie die Spitze des Eisbergs, sie verdecken bzw. verschleiern das wahre Ausmaß der Katastrophe, die verdeckte Arbeitslosigkeit. Aber damit nicht genug: Die momentan „guten" Zahlen beruhen auf teuer erkauften, abenteuerlichen Sondereffekten:

Die EZB überschwemmt den Markt mit Billiggeld!
Die Europäische Zentralbank kann nach Herzenslust neues Geld generieren und dieses Geld dann zwecks Konjunkturbelebung auf die Märkte werfen! Die Folgen dieser unseriösen Machenschaften sind nicht nur ausufernde Staatsverschuldungen und Spekulationsblasen, sondern auch „vorgezogene" Wirtschaftsbelebungen auf Pump. Privatleute und Unternehmen ziehen wegen der niedrigen Zinsen Investitionen lediglich vor – der Konjunktureinbruch danach wird um so heftiger ausfallen.

Es wird gebaut und renoviert wie selten zuvor!
Zu normalen Zeiten vor der Globalisierung (vor 1980) galten mit 8 % verzinste Hypotheken als langjähriger Durchschnittswert. Heute liegen die Angebote zwischen sagenhaften 1 und 3 Prozent. Der historisch niedrige Zinssatz hat aber keinen natürlichen Hintergrund. Er wurde manipuliert, indem die EZB den Banken frisch gedrucktes Geld für 0 % verleiht – also weit unterhalb der Inflationsrate. Ein seriöser Hypothekenzins müsste auch heute bei ca. 5-6 % liegen (Inflationsrate + Ausfallrisiko + Bearbeitungskosten + Gewinnmarge). Leidtragende dieser (künstlich hervorgerufenen) Geldschwemme sind zunächst alle Sparer, Besitzer von Lebensversicherungen usw., denn sie alle werden schleichend enteignet (die Sparzinsen liegen unterhalb der Inflationsrate). Manche Sparer versuchen diesem Teufelskreis durch riskante Investments zu entgehen, was wiederum oft zu hohen Verlusten führt, die Spekulation antreibt und die Weltwirtschaft noch unsicherer macht.

Dank der künstlich erschaffenen Dumping-Hypotheken wird momentan natürlich gebaut wie verrückt, denn jeder potentielle Bauherr möchte die anormal günstigen Bedingungen ausnutzen. Die Folgen dieser (meines Erachtens unverantwortlichen) Konjunkturpolitik der Zentralbanken: Nach dem Bauboom erfolgt der Absturz in die Tiefe, wie wir ihn zum Beispiel vor ca. zehn Jahren in Spanien erlebten. Dort halfen anschließend auch die niedrigen Hypothekenzinsen nichts mehr, weil ein Überangebot an Häusern und Wohnungen bestand und in einem Klima hoher Massenarbeitslosigkeit und unsicherer Arbeitsplätze sich kaum jemand langfristig verschulden und binden mochte.

Weitere Folge: Das schnell generierte Billiggeld der Zentralbanken (das sogar zum Ankauf von dubiosen Staatsanleihen missbraucht wird), beschädigt langfristig das Vertrauen in die betroffenen Währungen. Niemand kann sagen, wann ein solch steter Werteverfall in eine Massenpanik umschlägt, wie sie weltweit ständig vorkommt und wie Deutschland sie Anfang der 1920er Jahre erlebt hat (Hyperinflation). Zentralbanken, die über Jahre selbst generiertes Geld weit unterhalb der Inflationsrate an Banken verleihen, spielen mit dem Feuer!

Weitere Ursachen für das „Beschäftigungswunder"

Natürlich gibt es auch noch andere Ursachen für die derzeit „guten" Zahlen in der Arbeitslosenstatistik. In Deutschland erleben wir seit 38 Jahren einen völlig widernatürlichen Rückgang der Reallöhne und Renten. Widernatürlich deshalb, weil der technologische Fortschritt die Produktivität längst verdoppelt hat. Logisch, dass Deutschland mit seiner Lohnzurückhaltung viele westliche Konkurrenzstaaten abgeschlagen hat. Aber dieser eklige Verdrängungswettbewerb bietet keine Dauerlösung und wird uns noch teuer zu stehen kommen (Schuldenschnitte und Rettungspakete für andere EU-Staaten).

In einer amtlichen Statistik wurde festgestellt, dass von 1999 bis 2009 die Zahl der unbefristeten Arbeitsverträge in Deutschland um weitere 19 % auf unter 50 % zurückgegangen ist. Auch dieses Phänomen zeigt, wie es um den Arbeitsmarkt heute tatsächlich bestellt ist (Generation Praktikum).

Der Euro führt zum Währungsdumping!

Hätte Deutschland noch seine DM, wäre dessen Außenwert höher – Importe (und damit auch Rohstoffe) also billiger und Exporte teurer. Dann wäre auch der absurd hohe *Handels- und Leistungsbilanzüberschuss (Seite 48)*, der andere EU-Staaten zur Verzweiflung bringt, deutlich niedriger. Die Eintopf-Währung Euro verhindert eine marktgerechte Bewertung der deutschen Volkswirtschaft, weil die Euro-Krisenländer die Währung nach unten ziehen. Der vermeintliche Beschäftigungserfolg hängt also auch mit dem widerlichen Währungsdumping zusammen.

Schluss mit der Exportabhängigkeit!

Unsere Wirtschaft ist krank! Sie leidet unter einer akuten Exportabhängigkeit. Doch anstatt diese Krankheit einzugestehen und Heilungsprozesse einzuleiten, wird der bedauernswerte Zustand schöngeredet. Man verweist stolz auf die Exporterfolge und gibt wider besserem Wissen vor, die Exportabhängigkeit fördere unser aller Wohlstand. Dabei sprechen die Zahlen eine ganz andere Sprache (sinkende Löhne, Massenarbeitslosigkeit, prekäre Beschäftigungsverhältnisse)!

Eine Exportabhängigkeit ist kein Segen! Sie setzt unser Land ständig unser Druck: Arbeitnehmer und Arbeitgeber befinden sich in einem permanenten internationalen Preiswettbewerb, der eine Lohnabwärtsspirale erzwingt. Dem globalen Wettkampf sind bereits die meisten Industriebranchen erlegen. Unsere verbliebenen Exportindustrien müssen wir mit Subventionen, niedrigen Steuern, Mehrwertsteuerbefreiungen usw. stützen. Einen Teil unserer Absatzmärkte müssen wir ebenfalls mit gigantischen Summen subventionieren (zum Beispiel über die EU). Die Droge Euro-Weichwährung mindert den Reformdruck unserer Industrie und schwächt auf Dauer ihre Wettbewerbsfähigkeit. Sich aus einer solch verführerischen Währungsdumping-Abhängigkeit zu befreien und zu einer stabilen Währung zurückzufinden gelingt selten.

Aber genau das ist es vermutlich, was unsere politischen Führer wollen: Deutschland soll, so scheint es, für immer und ewig an den Euro und die EU gekettet werden und nie mehr die Möglichkeit bekommen, da oder dort auszutreten bzw. über sein Schicksal selbst zu bestimmen. Wir Deutsch-Europäer müssen nachgeben, müssen einlenken. Egal was kommt, bei jeder Auseinandersetzung in der EU ziehen wir den Kürzeren, weil wir ja schließlich „von der EU profitieren" und unsere Absatzmärkte nicht gefährden dürfen.

Deshalb Schluss mit der irrsinnigen Exportabhängigkeit!
Anstelle des globalen, unbeherrschbaren Finanzkapitalismus brauchen wir wieder eine funktionsfähige Marktwirtschaft, die es nur in einem intakten Wirtschaftsraum mit gleichen Bedingungen (Löhnen, Steuern, Umweltauflagen) geben kann. In einem unfairen EU- oder Weltmarkt mit höchst unterschiedlichen Bedingungen kann es eine Marktwirtschaft niemals geben! Deshalb brauchen wir höhere Zölle (um die unterschiedlichen Produktionskostenniveaus auszugleichen) oder ähnlich wirkende Maßnahmen, wie etwa höhere Mehrwertsteuern.

Führen Zölle zur Abschottung?

**Wie unredliche Demagogen Ängste schüren
und die Bevölkerung verdummen.**

Abschottung – das ist der beliebte Kampfbegriff der Kapitalistenlobby! Sobald jemand versucht, die Bevölkerung über den unseligen (Zoll)freihandel aufzuklären, wird das Gespenst der Abschottung an die Wand gemalt. Denn der Abbau der Zölle war gleichbedeutend mit einem *„kapitalistischen Ermächtigungsgesetz" (Seite 15)*, mit dem das Großkapital die gesamte Menschheit ausbeuten, Staaten erpressen und Konzerngewinne vervielfachen konnte.

Einmal ganz ehrlich: Kann bei einer Renaissance der Zölle von einer Abschottung gesprochen werden? Waren die Nationalstaaten vor 50 Jahren abgeschottet, gab es damals keinen Welthandel? Wie verzweifelt müssen Volksverdummer sein, immer wieder von einer „Abschottung" zu reden. So als stünde der Bau einer großen Mauer (wie im alten China oder der ehemaligen DDR) zu Diskussion.

Es geht ausschließlich um einen faireren Wettbewerb!

Und genau das haben die Vasallen des Kapitals längst erkannt. Sie wollen eine Abkehr vom einträglichen Lohn- und Steuerdumping um jeden Preis verhindern. Sie wollen, dass die Erwerbstätigen im Hochlohnland mit den Niedriglöhnern in fernen Staaten im Wettstreit liegen, damit die Hochlöhner nicht übermütig werden und sich gegen den seit ca. 40 Jahren anhaltenden Lohnrückgang nicht auflehnen.

Donald Trump hat die Zeichen der Zeit erkannt. Er traut sich, neue Wege zu gehen und gegen die zollverachtenden Freibeuter aufzubegehren. Wegen seiner wirtschaftlichen Strategien wird Trump von den kapitalfreundlichen Medien (das betrifft fast alle) auf Übelste beschimpft und gejagt wie wohl nie zuvor ein gewählter Präsident in der Geschichte Amerikas. Sogenannte „Ökonomen" prophezeien dann auch, dass durch die angekündigten Zollerhöhungen die Realeinkommen der US-Bürger sinken und Arbeitsplätze in hohem Maße verlorengehen.

Aber diese Schwarzmalereien sind einfach nur Unfug, sie entbehren jeglicher Logik. Wenn es in den USA tatsächlich in den nächsten Jahren bergab gehen sollte, dann doch nur, weil die Kapitallobby die Notbremse gezogen hat (Trump um jeden Preis vernichten will). Denn Donald Trump könnte endlich den untrüglichen Beweis liefern, dass der Zollfreihandelswahn (die Globalisierung) der absolute Systemfehler ist.

Globalisierung: „Das kann man bei uns ja nicht mehr produzieren!"

Auf einer England-Rundreise kam unsere Busgesellschaft an der „clarks"-Schuhfabrik vorbei. Bis in die 1980er Jahre wurden hier die Schuhe noch selbst hergestellt, heute aber ist dort nur noch die Firmenzentrale angesiedelt. Unser ansonsten kompetenter Reiseleiter kommentierte diesen Wandel mit dem üblichen Vorurteil: „Im Zuge der Globalisierung können heute Schuhe und Textilien ja leider nicht mehr in den Hochlohnländern produziert werden.".

Doch stimmt diese Einschätzung überhaupt? Oder wird sie uns lediglich permanent von vorgepolten Ökonomen, Politikern und Journalisten eingeredet? Wieso also konnte man vor 30 Jahren noch die Schuhe im Ursprungsland fertigen – und danach plötzlich nicht mehr? Was war geschehen? Waren etwa die Verkaufspreise in den westeuropäischen Schuhgeschäften urplötzlich eingebrochen, wurde nur noch nach asiatischer Billigware verlangt, waren die westeuropäischen Löhne explodiert?

Nein, all das war es nicht! Viele Hersteller hatten lediglich herausgefunden, wie man sich die erbärmlichen Niedrigstlöhne in Fernost zu Eigen machen konnte. Die reinen Herstellungskosten für ein Paar Markenschuhe zum Beispiel ließen sich durch die Auslagerung glatt halbieren – sie fielen von ca. 30 auf 15 DM. Bei Beibehaltung der üblichen Ladenverkaufspreise erhöhte sich somit die Rohverdienstspanne für den Hersteller von 20 auf 35 DM. Der Abgabepreis an den Handel lag nach wie vor bei etwa 50,- und der Ladenverkaufspreis bei 100,- DM. Dieses „geniale" Geschäftsmodell setzte sich in vielen Branchen durch. Ich weiß zum Beispiel von Fotoalbenherstellern, die ihre Fabriken in Westeuropa schlossen und die Herstellung international ausschrieben. Die Alben wurden dann zunächst in einem ehemaligen Ostblockland hergestellt. Und weil die Qualitätsstandards dort nicht eingehalten wurden, vergab man die Aufträge später nach Fernost. Mir als Händler wurde erklärt, dass das alte Qualitätsniveau in den Lohndumpingländern natürlich nicht mehr erreichbar wäre.

Aber auch die Alben waren durch die Produktionsverlagerung nicht billiger geworden. Bestenfalls wurde dadurch über einige Jahre eine Preisstabilität erreicht. Im Endeffekt wären die Alben heute vielleicht 15 % teurer, würden sie noch in Westeuropa hergestellt. Aber wiegt diese mickrige Ersparnis die vielen Nachteile auf? Rechtfertigt sie die Qualitätseinbußen, die Umweltbelastung durch die weiten Transportwege, die langen Liefer- und Planungszeiten, die inflexible Reaktion auf Marktveränderungen? Dabei werden die Belastungen und Ärgernisse der Händler und Kunden, die sich später mit einer Ausschussware abplagen müssen, in keiner Kalkulation berücksichtigt. Hauptsache der Hersteller profitiert, alles andere scheint nebensächlich.

Die Produktionsverlagerung in die Billiglohnländer bringt dem Verbraucher also selten Vorteile. Die lächerliche Preisersparnis muss er in der Regel mit qualitativen Abstrichen erkaufen, er muss öfter reklamieren und bei Markenprodukten damit rechnen, unseriöse Grauimporte oder Plagiate untergeschoben zu bekommen. Dagegen sind die Nachteile, die sich aus der Globalisierung ergeben, gewaltig.

Minimale Preisvorteile erwingen hohe Einkommensverluste!

Was nützen lächerliche Preisvorteile bei einigen Konsumprodukten, wenn das gesamte Volkseinkommen darunter leidet und das System der sozialen Marktwirtschaft ausgehebelt wird? Entscheidend ist letztlich die Kaufkraft des Normalbürgers. Und die sinkt durch das perfide System des globalen Verdrängungswettbewerbs. Die Konsumenten eines Hochlohnlandes werden mit verführerischen Angebotspreisen geködert, die den Virus des Lohndumpings in sich tragen und übers Land verbreiten wie im Mittelalter die Pest. Auch deren Erreger wurden importiert – und niemand kannte die Ursachen. So viel schlauer ist man heute anscheinend auch nicht. Oder man stellt sich bewusst dumm!

Der gesamte Arbeitsmarkt in den westlichen Industrienationen wurde durch die Invasion der Importe (des Lohndumpings) umgekrempelt und aufgemischt. Die meisten Industriebereiche in den einstigen Hochlohnländern wurden förmlich ausgerottet! Kaum ein Arbeitsplatz gilt heute noch als sicher – nur die Zahl der miserabel bezahlten Bad-Jobs hat sich lawinenartig ausgebreitet. Man muss schon sehr naiv sein, wenn man bezüglich der allgegenwärtigen Deindustriealisierung und dem Arbeitsplatzabbau keinen Zusammenhang erkennen will.

Selbst moderne Industrienationen wie Frankreich geraten mehr und mehr in Bedroillie. Weil man dort halt nicht zu den Bedingungen wie in Fernost oder Osteuropa produzieren kann. Und selbst im Wirtschaftswunderland Deutschland ist die Lage weit brisanter, als von den Schönrednern der Regierung eingestanden. In Deutschland fehlen ca. 15 Millionen sozialversicherungspflichtige Jobs. Dies auch noch als Erfolg zu verkaufen, halte ich für makaber.

Den seit fast 40 Jahren anhaltenden Niedergang des Westens immer wieder kleinzureden mit dem verlogenen Argument, in Westeuropa ließen sich nun einmal Schuhe, Textilien, Fernseher, Computer, Handys, Haushaltsgeräte usw. aus Kostengründen nicht mehr herstellen, ist Volksverdummung pur. Denn es werden in der Regel ja nicht die niedrigen Gestehungskosten (erkauft durch die Ausbeutung der Arbeitnehmer in Fernost) an den Verbraucher weitergegeben.

Manche Edelmarken-Hersteller behaupten derweil, sie würden bei ihren Zulieferern streng auf die Einhaltung hoher Lohn-, Arbeits- und Umweltstandards achten. Andererseits wird aber selbst von Experten immer wieder eingeräumt, dass es schier unmöglich sei, die langen Produktionsketten zu überwachen und zurückzuverfolgen. Wer mit der „fairen Produktion" wirbt, betreibt also oftmals Augenwischerei. Sollte es ein renommierter Hersteller tatsächlich ehrlich meinen, könnte er doch die Produktion in die alten Ursprungsländer zurückverlagern.

Wir können alles herstellen, sogar unsere Schuhe und Klamotten! Die vermeintlich alternativlose „internationale Arbeitsteilung" ist ein Irrweg, eine Sackgasse!

Wenn die etablierten Parteien immer wieder salbungsvoll betonen, auf die „Herausforderungen der Globalisierung" reagieren zu müssen, so ist zu befürchten, dass sie sich noch nie ernsthaft mit der Materie befasst haben (oder aber, was noch schlimmer ist, ganz bewusst die Menschheit belügen). Denn die Globalisierung ist kein natürliches Phänomen, sie wurde künstlich durch den Zollabbau herbeigeführt. Man braucht sich also auf die Globalisierung (das globale Lohn- und Steuerdumping) gar nicht einstellen! Weil jeder souveräne Staat sich dem weltweiten Unterbietungswettbewerb auf einfache Weise entziehen kann: Durch die Wiederbelebung der Zollgrenzen (die sich bekanntlich über Jahrtausende bewährt haben).

Wenn selbst die SPD inzwischen einräumt, dass in den traditionellen Industriestaaten seit Jahrzehnten die Einkommen der Mittelschicht stagnieren und die Löhne der Niedrigverdiener sogar gesunken sind (mit Verlaub, den Ärzten, Apothekern, Juristen, Architekten usw. erging es auch nicht besser), dann wäre es doch vielleicht einmal an der Zeit, den Nutzen des Zollabbaus (der Freihandelsabkommen, der EU) grundsätzlich infrage zu stellen. Oder will man etwa noch eine weitere 38jährige Testphase durchlaufen und erst dann, nach 76 Jahren, eine Bilanz ziehen und sich an die alte Grundsatzfrage heranwagen?

Welchen Wert haben die treuherzigen Bekenntnisse „man mache Politik für die Leute, die hart arbeiten und sich an die Regeln halten"? Die Realität schaut doch ganz anders aus. Es wird Politik gemacht für die

Globalisierungslobby, für Konzerne, für Spekulanten, für Parteibonzen. Denn nur diese Auserwählten profitieren von der grenzenlosen „Liberalisierung", von verpflichtenden Handelsabkommen, vom Zollabbau usw. Bereits vor zehn Jahren habe ich in meinem Buch „DAS KAPITAL und die Globalisierung" an konkreten Beispielen aufgeführt, wie leicht man die Macht der Konzerne brechen und den unseligen Monopolisierungs- und Filialisierungstrend umkehren könnte. Aber werden von den angeblichen Volksparteien derlei Maßnahmen ins Auge gefasst, wird darüber nachgedacht, darüber debattiert? Nein absolut nicht! Die Vorschläge und Analysen werden totgeschwiegen. Weil man aus dem üblichen Trott, aus den eingebrannten Denkmustern nicht herauskommt und die spendenfreudige Globalisierungslobby nicht verprellen möchte. Eine Entglobalisierung steht bei den etablierten Parteien auf keiner Agenda. Stattdessen befasst man sich mit weiteren Handelsabkommen und Euro-Rettungspaketen – ohne einmal innezuhalten, ohne weiterzudenken und zu resümieren, wohin die Reise in die Zukunft überhaupt gehen soll.

„Kein politischer Wille kommt an den Gesetzmäßigkeiten der Ökonomie vorbei", meinte einst unser Finanzminister Olaf Scholz. Recht hat er! Gehören sinkende Löhne und Renten, prekäre Arbeitsverhältnisse, die Massenarbeitslosigkeit, der Kasinokapitalismus, das Höfesterben, die Nullzinspolitik und die Billiggeldschwemme zu den „Gesetzmäßigkeiten der Ökonomie". Es wäre wirklich gut, wenn sich unsere Volksvertreter dieser Frage stellen würden.

Warum klammert man sich noch immer an die Uraltthesen von Adam Smith und David Ricardo?

Noch immer werden unsere künftigen Ökonomen mit den Dogmen der beiden Urväter des Kapitalismus traktiert. Dabei sind die Thesen von Adam Smith und David Ricardo rund 200 Jahre alt – und seitdem haben sich die weltwirtschaftlichen Verhältnisse gravierend geändert.

Die berühmten Vordenker der Volkswirtschaftslehre sprachen sich seinerzeit zwar für einen freien Weltmarkt aus – aber eben unter ganz anderen Bedingungen. Sie gingen von einer Vollbeschäftigung im Inland aus – vor allem aber auch von weltweit angeglichenen Löhnen. Diese Grundvoraussetzungen sind heute aber nicht gegeben. Die Lohnunterschiede sind exorbitant. Und die Globalisierung funktioniert einzig und allein auf dieser Basis der Ungleichheit, des Unrechts und der Ausbeutung. Bei weltweit angeglichenen Löhnen und Steuern wäre die Globalisierung mausetot – es gäbe nur noch einen stinknormalen, für alle Parteien nützlichen Welthandel.

Die Globalisierung schwächt die Produktivität

Die internationale Arbeitsteilung (Globalisierung) ist im Prinzip ein höchst unproduktives Unterfangen! Lukrativ wird der aufgeblähte Zirkus nur durch die Ausbeutung der Billiglöhner.

Die Trommler der Globalisierung verkünden immer noch lautstark, die internationale Arbeitsteilung stärke die Produktivität. Das genaue Gegenteil ist der Fall! Denn durch die internationale Arbeitsteilung entsteht bei der Herstellung von Waren ein erheblicher Mehraufwand.

Es fallen unnötige Transportkosten an!

Weite Wege und lange Transporte zum Verbraucher verursachen einen erheblichen Arbeits- und Kostenaufwand. Zunächst einmal müssen Straßen, Lkws, Schiffe, Häfen und Flugzeuge gebaut werden. Hinzu kommen die Aufwendungen beim anschließenden Warenverkehr, der Logistik und dem Vertrieb. Wer glaubt, es sei ein rationeller Arbeitsablauf, wenn die Bestandteile einer elektrischen Zahnbürste (oder eines Computers, eines Autos, einer Hose) aus allen Erdteilen zusammengeklaubt werden, um sie dann an einem fernen Ort zusammenzufügen, irrt gewaltig.

Die Folgen der Umweltzerstörung werden ausgeblendet!

Allein auf deutschen Straßen sterben durch das unnötige (auf die Globalisierung zurückzuführende) Lkw-Aufkommen hunderte Menschen im Jahr an den Folgen von Verkehrsunfällen. Die Zahl der Verletzten ist ungleich höher. Dabei sind diese Opferzahlen noch vergleichsweise minimal, berücksichtigt man auch die Auswirkungen der Umweltschäden, die durch die Abgase überflüssiger Lkws, Flugzeuge und Containerschiffe entstehen. Statistisch ist es leider schwer auszumachen, wie sich dieser Umweltfrevel auf die Gesundheit der Bevölkerung genau auswirkt. Gleichwohl geht der Aufwand für die der Globalisierung geschuldeten Krankenpflege, der diesbezügliche Ausfall von Arbeitskräften und die notdürftige Beseitigung der gröbsten Umwelt- und Gebäudeschäden auf das Konto der Produktivität. Denn bei einer Herstellung im eigenen Land nah am Verbraucher entfällt diese Zusatzbelastung.

Vergessen wir nicht: Vor 38 Jahren, als die Reallöhne (also die Kaufkraft) und Renten der Deutschen (Franzosen, Briten, Amis, Italiener usw.) deutlich höher waren als heute, kam man in Deutschland mit weniger als der Hälfte des heutigen Tranportaufkommens aus. Fazit: Allein die zusätzlichen Transportaufkommen und Umweltschäden bezüglich der internationalen Arbeitsteilung belasten die Rentabilität (und die Kosten) erheblich.

Lange Lieferzeiten – unflexible Produktionen!

Kein Hersteller weiß im Voraus, wie sich ein neues Produkt oder die neue Mode absetzen lässt. Produziert ein Hersteller nahe am Absatzmarkt, kann er mit einer niedrigen, risikolosen Auflagenhöhe starten und bei Bedarf schnell nachziehen. Wer aber die Mode in Fernost herstellen lässt, wo er in der Regel mindestens eine dreimonatige Lieferzeit einkalkulieren muss, kann nicht mehr kurzfristig nachordern. Ein solcher Produzent muss den Bedarf im Voraus schätzen und sich festlegen. So kommt es auf der einen Seite häufig zu Überproduktionen (die überschüssige Ware muss dann später verramscht oder vernichtet werden), auf der anderen Seite aber auch zu Engpässen, bei der die Nachfrage nicht gestillt werden kann. Die unflexible Produktion verhindert also eine bedarfsgerechte Marktsättigung. Aus Angst vor Lieferengpässen wird meistens mehr hergestellt als überhaupt absetzbar ist. Auch dieser Tatbestand senkt im erheblichen Maße die Produktivität.

Förderung der Korruption!

In vielen fernen Billiglohnländern sind Geschäfte nur möglich, wenn Behörden und Geschäftspartner geschmiert werden. Auch dieser gesetzwidrige Aufwand muss in die Rentabilitätskalkulation einfließen. Darüberhinaus sollte man einsehen: Korruption ist eine der schlimmsten Geißeln der Menschheit. Dieses Übel zu unterstützen ist das Widerlichste, was man Billiglohnländern antun kann.

Teure Sprachbarrieren!

Sprachbarrieren kosten Geld! Es ist immer einfacher, sich mit Geschäftspartnern in der eigenen Muttersprache zu verständigen. Teure Missverständnisse und Fehlproduktionen werden so vermieden. Außerdem gibt es Fremdsprachen nicht zum Nulltarif. Das mühsame Erlernen einer Zweit- oder Drittsprache erfordert eine erhebliche Zeit- und Geldinvestition. Auch dieser zusätzliche Aufwand muss der internationalen Arbeitsteilung angelastet werden.

Unerfüllte Regressansprüche!

Die internationale Arbeitsteilung birgt zusätzliche Risiken. Wer sich zum Beispiel in Deutschland als Bauherr auf ein Dumpingangebot einer osteuropäischen Firma einlässt, muss damit rechnen, seine berechtigten Reklamationen später nicht durchsetzen zu können.

Die gleichen Erfahrungen mussten auch viele Global Player durchleben, die glaubten, in Fernost einen guten Billighersteller gefunden zu haben. Trotz langjähriger juristischer Auseinandersetzungen blieben sie auf ihren Schadenersatzansprüchen oft sitzen. Der zeitliche und finanzielle Kraftakt dieser langjährigen Prozesse und die Vernichtung unbrauchbarer Mangelware belasten nicht nur die Natur, sondern natürlich auch die Produktivität.

Ausfallkredite und Landesbürgschaften!
Der Export von Gütern erweist sich spätestens dann als unrentabel, wenn berechtigte Forderungen nicht bezahlt werden. Die internationale Arbeitsteilung multipliziert das Ausfallrisiko. Selbst staatliche Einrichtungen in manchen europäischen Ländern begleichen nicht immer ihre Rechnungen. Auch die mit Landesbürgschaften abgesicherten Schiffsneubauten werden oft zum Fiasko und treiben deutsche Landesbanken in den Ruin (auf Kosten der Steuerzahler). Wieder einmal bleibt die Rentabilität und damit auch die Produktivität der internationalen Arbeitsteilung auf der Strecke.

Kapitalvernichtung! Viele deutsche (und ausländische) Sparer haben ihr Geld auf Empfehlung ihrer Anlageberater in Schiffsfonds angelegt. Doch 2008 gingen die Frachtraten in den Keller, weil es weltweit zu viele Containerschiffe gab (sich der Bedarf im Voraus gar nicht abschätzen und steuern lässt). Die Folge: Totalverlust vieler Einlagen, die oft als Altersvorsorge gedacht waren.

Eingasung von Textilien! Damit Textilien auf dem weiten Schiffsweg von Fernost nach Europa nicht von Schädlingen befallen werden, erfolgt oftmals eine aufwendige Sonderbehandlung (z. B. Eingasung). Abgesehen von den Kosten dieser Prozedur müssen auch die Gesundheitsschäden einkalkuliert werden, die diese Pestizide verursachen.

Fehlgeschlagene Partnerschaften!
Viele Firmen haben mit großem Elan und hohen Investitionskosten Produktionsanlagen in fernen Ländern aufgebaut, die dann später wieder aufgegeben werden mussten. Mal erwiesen sich die obligatorischen Geschäftspartner als unseriös, mal waren es nationale Gesetze, Intrigen oder Behördenwillkür, die das Projekt zum Scheitern brachten. Sicher, auch wer in heimischen Gefilden investiert, muss mit Fehlschlägen rechnen. Aber das Risiko ist nun einmal im Ausland wegen seiner vielen Unwägbarkeiten ungleich höher und gehört damit auch in die sachliche Aufrechnung der Produktivität.

Exzessive Qualitätskontrolle! Die großen Markenhersteller schicken ihre Manager und Kontrolleure ständig rund um den Globus, um die Qualitätsstandards ihrer Waren sicherzustellen. Diese notwendigen Maßnahmen sind natürlich viel umständlicher als Kontrollen, die vor Ort oder zumindest im eigenen Land durchgeführt werden könnten.

Komplexe Vertragsabschlüsse! Wer im fernen Entwicklungs- bzw. Schwellenland investiert oder mit ausländischen Zulieferern arbeitet, begibt sich auf dünnes Eis. Denn die Rechtslagen in diesen Ländern bergen gefährliche Fallen, die auch erfahrene Global Player immer wieder überraschen. Zur Vermeidung der schlimmsten Fehler muss oft ein Heer von Juristen und Dolmetschern engagiert werden. Auch diese Umstände lasten auf den Schultern der Produktivität.

Erzwungene Partnerschaften! Viele Schwellenländer haben mit einer freien Marktwirtschaft nach westlichem Verständnis wenig im Sinn. Sie brauchen das Know-how der Ausländer, wollen sich aber nicht in deren Abhängigkeit begeben. Firmengründungen und neue Produktionsanlagen werden deshalb nur in Kooperation mit einheimischen Unternehmern genehmigt. Der ausländische Investor wird zum Co-Partner degradiert, was nicht zuletzt auch die Produktivität beeinträchtigt.

Die internationale Arbeitsteilung verschlechtert die Produktivität mindestens um 100 Prozent!

Zählt man alles zusammen, so verdoppelt sich der Arbeitsaufwand durch die internationale Arbeitsteilung. Für die Global Player rechnet sich die unrentable Auslagerung nur wegen der großen Lohnunterschiede. Weil es trefflich gelingt, die Arbeitnehmer in den Billiglohnländern systematisch auszubeuten, werden Produktionsverlagerungen zum Erfolg. Ohne diesen Effekt wäre die internationale Arbeitsteilung ein unproduktiver Schwachsinn. Nur die milliardenfache Ausbeutung der menschlichen Arbeitskraft macht also das Unmögliche möglich, stellt die Regeln der Vernunft und Logik auf den Kopf. So gesehen ist die Globalisierung die Fortsetzung des Kolonialismus. Der „Erfolg" der internationalen Arbeitsteilung folgt dem gleichen Prinzip wie der frühere Sklavenhandel. Würden die edlen Markenartikler den Billiglöhnern einen halbwegs humanen Stundenlohn von mindestens zwei Euro genehmigen, würde das System der internationalen Arbeitsteilung kollabieren.

Aber: Die unter dem Einfluss der übermächtigen Globalisierungslobby stehenden Politiker werden an der Freihandelsideologie nicht rütteln, solange der Wähler keine Kehrtwende verlangt. Und der Wähler wird einen Paradigmawechsel erst einfordern, wenn er die weltwirtschaftlichen Zusammenhänge einigermaßen versteht und konzernfreundliche Liberalisierungsthesen als Propagandalügen erkennt.

Auf den nächsten Seiten erfahren Sie, warum inzwischen auch die inländische Produktivität zu einem Problem geworden ist.

Warum hat sich das Produktivitätswachstum dermaßen verflüchtigt?

Noch ein Artikel über die Produktivität? Was das Thema nicht schon auf den letzten Seiten zur Genüge abgehandelt? Jein! Denn dort ging es allein um die Unproduktivität der internationalen Arbeitsteilung. Hier nun werden die inländischen Wachstumshemmer und Wohlstandskiller angeprangert. Während in manchen Industriestaaten die Produktivität rasant zunimmt, ist sie in Staaten wie Deutschland kaum noch spürbar. Und das, obwohl die Erfindungen revolutionärer Technologien (Computer, Mikrochips, Roboter) ganz neue Fertigungsmethoden zulassen. Wie kann das angehen? Was läuft schief?

Kann ein hochentwickelter Staat nicht mehr wachsen?
Zunächst möchte ich mit einem weitverbreiteten Vorurteil aufräumen, das ich als faule Ausrede verstehe. Die These, ein hochentwickelter Staat stoße nun einmal an seine Wachstumsgrenzen, erweist sich bei näherer Betrachtung als reine Schutzbehauptung, die offenbar von gravierenden Fehlern und Versäumnissen ablenken soll. Denn das versiegende Produktivitätswachstum hat ganz konkrete Ursachen. Die da sind:

1. Die Ausuferung der Bürokratie! Ein Gutteil der Arbeitsleistung wird heute zur Erfüllung bürokratischer Hemmnisse vergeudet. Fast alles muss jetzt penibel protokolliert werden. Ständig werden Regeln geändert und als Krönung muss dann auch noch alles auf das 80.000-seitige Brüsseler Gesetzeswerk abgestimmt werden. Ich halte diese Vorschriftenflut für einen Wahnsinn. Auch weil viele Kleinbetriebe die Vorgaben gar nicht mehr erfüllen können.

Im Namen des Verbraucherschutzes wurde die Bürokratie ständig ausgeweitet. Man denke nur einmal daran, was die neuen Datenschutzverordnungen an zusätzlichem Aufwand erfordern. Das Ganze kostet immens viel Zeit – und geht ins Geld (schwächt die Produktivität).

2. Selbst Großunternehmen sind überfordert!
Was wird zum Beispiel aus dem Berliner Flughafen, dessen Fertigstellung sich ewig hinzieht? Die zigtausend baurechtlichen Vorschriften „zum Wohle der Kunden, der Sicherheit und Bequemlichkeit" sind anscheinend selbst von großen Spezialistenteams kaum mehr umsetzbar. Der Anspruch der abgehobenen, weltfremden Theoretiker, der Anspruch, es

jedem Recht zu machen, kommt einer Quadratur des Kreises gleich. Viele unserer maßgeblichen Politiker nehmen es achselzuckend hin, wenn sich die veranschlagten Baukosten im Laufe der Jahre verzehnfachen. Als ob sie gar nicht mehr wahrnehmen, wie unproduktiv inzwischen Deutschland allein schon aufgrund der sich stetig ändernden Rechtsgrundlagen geworden ist.

3. Auch die juristischen Fallstricke haben zugenommen.
Im Grunde genommen kann heute eine Firma ohne eigene juristische Fachabteilung gar nicht mehr existieren. Denn die sich häufig ändernden Gesetze überfordern vor allem kleine Unternehmen. Eigentlich steht heute jeder Chef und jeder Arbeitnehmer bereits mit einem Bein im Gefängnis oder vor Gericht. Weil jeder Formfehler, jede banale Unterlassungssünde fatale juristische Folgen haben kann. Und niemand darf sich heute damit herausreden, er hätte von der neuen Verordnung nichts gewusst. Wer am Arbeitsprozess teilnimmt, steht ewig in der Pflicht und ständig unter Druck.

Das Produktivitätswachstum sank von fünf auf 0,6 Prozent!
Das Produktivitätswachstum lag in Deutschland in den 1950er und 1960er Jahren bei etwa fünf Prozent jährlich. Inzwischen ist dieser Wert auf blamable 0,6 Prozent geschrumpft. Ein erschreckendes Resultat. Zum Vergleich: Die Chinesen können seit Jahrzehnten kontinuierlich ein jährliches Produktivitätswachstum von ca. acht % vermelden.

Eine Erklärung für den Abstieg westlicher Industrienationen habe ich bereits mit den oben aufgeführten drei Punkten geliefert. Aber damit nicht genug, der Wahnsinn hat System, er geht weiter:

4. Die Brüsseler Subventionspolitik schwächt die Marktwirtschaft!
Wir alle wissen heute, wie unproduktiv eine Planwirtschaft ist. Weil sich wirtschaftliche Abläufe und Fortentwicklungen nicht im Voraus ablesen lassen und Subventionstöpfe falsche Anreize schaffen. Wenn man also vorhat, eine Volkswirtschaft zu ruinieren, braucht man nur die Subventionstöpfe öffnen. Denn diese sogenannten „Förderungen" torpedieren (bis auf wenige Ausnahmen) marktgerechte Veränderungen.

5. Die Billiggeldschwemme entfaltet kontraproduktive Kräfte!
Denn sie hebelt marktwirtschaftliche Gesetze einfach aus. Das künstlich in die Volkswirtschaft gepumpte Billiggeld macht Investitionen oder Firmenaufkäufe rentabel, die sich unter normalen Umständen nie und

nimmer rechnen würden. Die hochriskante, zur Verschwendung einladende Geldflutung bildet den Ausgangspunkt eines enthemmten Kasinokapitalismus. Wie konnte man nur so weit sinken? Wie konnte man sich anmaßen, wider aller Vernunft eine Gemeinschaftswährung wie den Euro einzuführen um damit eine Art Schuldenunion zu begründen?

6. Der Zollfreihandel erweist sich als Wohlstandskiller!
Denn er verursacht einen erheblichen zusätzlichen Mehraufwand.
Das Dilemma in seiner ganzen Bandbreite... (Seite 34).

7. Die zentralisierte Produktion erhöht das Transportvolumen.
Ist es wirklich notwendig und unumgänglich, in Hamburg Selterwasser aus München oder Frankreich zu trinken? Muss ein Konsument bundesweit unter 50 Sorten Joghurts wählen können? Vor einigen Jahrzehnten hatten wir hier in Flensburg (90.000 Einwohner) noch alle möglichen Fertigungsbetriebe vor Ort: eine leistungsfähige Meierei, einen Schlachthof, zwei Dutzend Bäckereien usw. Sogar die örtliche Zeitung wurde hier gedruckt. Warum ist die regionale Produktion heute so verpönt? Mitverantwortlich für diese fragwürdige Entwicklung ist sicherlich der zu billige (subventionierte) Warentransport, die arbeitsverteuernden staatlichen Lohnnebenkosten (die die automatisierte Großproduktion begünstigen) und die bürokratischen Auswüchse (die mittelständische Betriebe überfordern).

8. Auch die Bildung ist ein kostenträchtiger Produktionsfaktor!
Was leider gerne ignoriert wird. Die plumpen Parolen „Je mehr Geld in die Bildung fließt, desto höher der Wohlstand!" bewahrheiten sich längst nicht immer. Im Vergleich zu 1980 haben sich die Ausgaben für die Schul-, Berufs- und Weiterbildungen in Deutschland erheblich erhöht – dennoch sind die realen Nettolöhne gesunken. Auch zeitlich wird zunehmend in die Bildung investiert, wodurch sich die effektiven Arbeitsjahre verkürzen. Die wahren Kosten für die Bildung werden leider (wie so oft) verdrängt. Indem nicht der Gesamtaufwand ermittelt wird, sondern immer nur untergeordnete Einzelaspekte herausgegriffen werden (zum Beispiel der finanzielle Aufwand der Landesregierungen für Schulen und Universitäten).

Die Gesamtkosten müssten meiner Meinung nach alle Aufwendungen von der Geburt eines Kindes bis zum Eintritt ins fair entlohnte Erwerbsleben einschließen. Demnach würde Deutschland nicht fünf oder sechs Prozent, sondern ca. 30 % seines Bruttoinlandsproduktes in die

Bildung (und den Nachwuchs) investieren. Das hört sich dann schon ganz anders an. Und bei einer solch neutralen Kostenanalyse würde auch so mancher Bildungspolitiker zur Erkenntnis gelangen, dass es volkswirtschaftlich wenig Sinn macht, jeden durchschnittlich Begabten auf die überfüllten Universitäten zu locken.

9. Das geschürte Anspruchsdenken schwächt die Produktivität!
Der ausufernde Verbraucherschutz wurde in diesem Zusammenhang bereits erwähnt. Aber das geschürte Anspruchsdenken findet keinen Halt, es erweist sich als wahltaktischer Dauerbrenner. Es klingt immer gut, wenn eine Partei ihren potentiellen Wählern alle Arten von Vergünstigungen verspricht (Prozesskostenhilfe, kostenloser Kitaplatz, Baukindergeld, umfangreiche ärztliche Versorgung und Pflege, für die vielen Zuwanderer Dolmetscher, Beratungsstellen, Juristen usw.).

Aber dieses sich stetig erhöhende Anspruchsdenken hemmt oft auch die Produktivität. So kommen immer mehr Erwerbstätige dahinter, dass sich Leistung und anstrengende Arbeit nicht unbedingt lohnen. Denn das engmaschige soziale Netz garantiert eine bequeme Rundum-Vollabsicherung, besonders wenn jemand eine mehrköpfige Familie zu versorgen hat. Ich möchte nicht wissen (stimmt nicht, eigentlich möchte ich es doch wissen), wie viele Erwerbsfähige sich inzwischen innerlich vom Leistungsprinzip verabschiedet haben, nur noch Dienst nach Vorschrift machen, bereits absichtlich ins Hartz-IV-System abgetaucht sind oder sich trickreich eine Frühinvalidität erschlichen haben.

Um es auf einen kurzen Nenner zu bringen: Je ungerechter und übertriebener die Umverteilung (der Sozialstaat), desto geringer die Produktivität. Unter diesem Aspekt sehe ich auch die millionenfache Zuwanderung recht kritisch. Denn wenn einheimische Malocher täglich mit ansehen, wie großzügig oft Zugewanderte aus fremden Erdteilen vom deutschen Sozialstaat ausgehalten werden, bringt das immer mehr frustrierte Leute auf die Idee, es den Fremden gleichzutun und ebenfalls aus dem Arbeitsprozess auszuscheiden. Denn sie wissen: Gegen standhafte Arbeitsverweigerer gibt es in einer sozialen Demokratie keine echte Handhabe. Wer sich bei der Arbeit bewusst tölpelhaft anstellt, dem ist in einem Rechtsstaat schwer beizukommen.

Die Bürokratisierung und Vorschriftenflut, das geschürte Anspruchsdenken, die internationale Arbeitsteilung – all diese hier aufgeführten Faktoren minimieren das produktive Wachstum. Würde hier Einsicht einkehren, wäre auch die Finanzierung des demografischen Wandels (der Renten) kein Problem.

Die 3 großen Nachteile der Globalisierung

Warum die Globalisierung zum Scheitern verurteilt ist.

1. Das globale Dumpingsystem. Wer macht's noch billiger?

In einem intakten Binnenmarkt mit weitgehend gleichen Standortbedingungen können Kapitalrenditen nicht in den Himmel wachsen. Denn die „unsichtbare Hand des Marktes" würde zwischen Arbeit und Kapital einen steten Interessenausgleich bewirken. Würden die Löhne der Arbeitnehmer nicht entsprechend der Inflation und Produktivität steigen, käme es zu einem Überangebot an Waren, was automatisch Preisnachlässe erzwingen würde. Umgekehrt würde bei zu hohen Lohnsteigerungen das Warenangebot niedriger sein als die allgemeine Kaufkraft – ergo käme es zu einem Preisanstieg. Ungerechtfertigte Lohnsteigerungen würden also durch eine höhere Inflation wieder automatisch einkassiert. In einem geordneten Binnenmarkt mit gleichen Steuern, Vorschriften und Löhnen läuft dieser Interessenausgleich kontinuierlich ab, ohne dass die Regierung regulierend eingreifen müsste. Ein intakter korruptionsfreier Binnenmarkt – das ist eben Marktwirtschaft (und die ist auch von Natur aus sozial).

Das Gegenteil davon ist ein völlig chaotischer Weltmarkt mit völlig unterschiedlichen Standortbedingungen – so wie ihn unsere Regierungen bewusst oder unbewusst durch den Abbau der Zölle geschaffen haben. Und dieser ungleiche Weltmarkt ist nun einmal der Traum vieler Investoren, vor allem aber auch der Spekulanten. Weil nämlich in einem solchen Konstrukt die marktwirtschaftlichen Kräfte (der Interessenausgleich von Arbeit und Kapital) weitgehend ausgeschaltet sind und sich auf diese Weise traumhafte Renditen erzielen lassen.

Das Erfolgskonzept ist einfach: Bei den Produktionskosten stehen alle Länder der Welt im direkten Wettbewerb – produziert wird im allgemeinen dort, wo die Löhne, Steuern, Umweltauflagen usw. am niedrigsten sind. Also führt das globale Dumpingsystem zu einer globalen Abwärtsspirale bei Arbeitseinkommen und Steuern (was wiederum besonders in den Hochlohnländern zu sinkenden Reallöhnen und ausufernden Staatsschuldenkrisen führt).

Der Trick ist, dass beim Verkauf der Waren das globale Dumpingsystem weitgehend ausgeschaltet wird! Dies gelingt durch die Pflege und den Aufbau der Marken. Vieles von dem Geld, das durch die Billigproduktion eingespart wird, wird in sündhaft teure Werbekampagnen gesteckt, um begehrte Statussymbole zu schaffen.

Eine gute Marke ist fast gleichbedeutend mit einem Monopol – der lästige Wettbewerb ist stark dezimiert. Die Devise der cleveren Investoren lautet also: In einem Schwellenland so gut und günstig wie möglich produzieren, um dann diese Ware durch Minimierung der Konkurrenz (Markenbindung) in Hochpreisländern zum höchstmöglichen Preis zu verkaufen. Der Trick funktioniert also nur wegen des gigantischen Einkommensgefälles zwischen Billig- und Hochlohnländern. Gäbe es nur Billiglohnländer, könnten die Hersteller ihre überteuerte Markenware nicht absetzen. Die Preise (Renditen) sind so hoch, dass die Mitarbeiter (Arbeitssklaven), die die Ware im Lohndumpingland herstellen, sich selbst diesen vermeintlichen Luxus niemals leisten können.

Dabei genieren sich die großen Markenkonzerne nicht einmal, in den Hochpreisländern unterschiedliche Preise (Renditen) zu verlangen. In Deutschland sind zum Beispiel dominante Markenprodukte im Durchschnitt ca. 30 % teurer als in den USA. Seit dem 2. Weltkrieg zahlen die Deutschen also gewissermaßen einen saftigen Straf- oder Dummenaufschlag. Die Regierungen könnten dagegen natürlich etwas unternehmen – tun sie aber nicht.

Nutznießer der doktrinären Globalisierungs-Philosophie sind also vor allem die großen Aktienkonzerne, deren Machtbasis stetig anschwillt (auf Kosten des Mittelstandes) und die einen so ungeheuren Einfluss auf die westlichen Demokratien ausüben.

2. Die chaotische Verflechtung der globalen Finanzmärkte!

Was bitte haben Finanz-, Banken- und Staatsschuldenkrisen mit der Globalisierung zu schaffen? Sehr viel! Denn die vielbejubelte „internationale Arbeitsteilung" benötigt weltweit agierende Banken und Schattenbanken, die den marktbeherrschenden Global Playern in allen ihren Produktions- und Kundenmärkten zur Seite stehen.

Die weltweite Produktion an Gütern und Dienstleistungen betrug im Jahr 2018 etwa 100 Billionen Euro. Doch das ist wenig im Vergleich zu den aufgeblähten Finanzaktivitäten: Für über 1400 Billionen Euro wurden 2018 Devisen gehandelt, für über 1000 Billionen Derivate und Schuldverschreibungen, für über 80 Billionen Aktien.

Über 90 % dieses Finanzhandels dienen allein der Kurzzeitspekulation und werden hervorgerufen von Daytradern, die nur für wenige Sekunden, Minuten oder Stunden in ein Investment einsteigen, um dann am kurzfristigen Gipfel der ewigen Fieberkurve die Papiere wieder abzustoßen. Im Zuge der Globalisierung haben sich die Finanzmärkte zum alles beherrschenden Machtfaktor aufgeschaukelt, dem die Realwirtschaft und 99 % der Weltbevölkerung nur noch untergeordnet sind. Nationale Regierungen haben schon lange keine Übersicht mehr über all das, was Banken, Schattenbanken und Hedgefonds treiben und sich täglich neu aushecken. Schlimmer noch: Selbst die besten Experten können nicht mehr im Wirrwarr der atemberaubenden täglichen Finanztransaktionen die Auswirkungen auf die Weltwirtschaft erkennen – die Politik ist den sich anbahnenden Krisen ziemlich hilflos ausgeliefert.

Weg vom unkontrollierbaren Pulverfass, weg von der sinnlosen Exportabhängigkeit! Deshalb kann eine ehrliche, langfristige Problemlösung nur erfolgen, wenn sich der Nationalstaat wieder mehr auf seine Tugenden und seinen eigenen Binnenmarkt besinnt und sich durch eine schrittweise Wiederbelebung der Zölle dem globalen Dumpingwettbewerb allmählich entzieht. In Großbritannien zum Beispiel, dem Ursprungsland der industriellen Revolution, ist im Zuge der EU und der globalen Unterbietungskonkurrenz fast die gesamte industrielle Basis ausgerottet worden. Das ist pervers und das kann doch nicht die Zukunft des Inselstaates sein.

Wenn jedes größere Land wieder über seine eigene industrielle Basis und einen intakten Binnenmarkt verfügt, gehören Exportabhängigkeit, Finanz- und Weltwirtschaftskrisen der Vergangenheit an! Staaten, die ihre Stärke aus einem soliden Binnenmarkt ableiten, können nämlich auf sämtliche Arten von Schattenbanken und Hedgefonds verzichten und diese Auswüchse des Kasinokapitalismus kurzerhand verbieten.

In den 1970er Jahren noch ist man bestens ohne diesen ganzen Zauber ausgekommen. Ein souveräner Staat braucht keine dubiosen Finanzprodukte und kann sogar, wenn er es für sinnvoll hält, eine eigene Finanztransaktionssteuer erheben und seinen Bürgern und Firmen das Handeln auf fremden (steuerfreien) Märkten untersagen. Spekulanten, die sich diesen Regeln nicht beugen wollen, dürfen gerne auswandern. Ein Staat muss doch nicht, nur um Spekulanten bei Laune zu halten, ewig auf einem Pulverfass leben!

Selbst der Wechselkurs verliert bei einem souveränen Staat an Bedeutung! Auf die Devisenkurse der Staaten wird heute wie verrückt gewettet – Währungen werden von zahlreichen Staaten sogar absichtlich geschwächt aus Angst, die Exportwirtschaft könnte sonst Schaden nehmen. Ein Staat, der seine Exportabhängigkeit weitgehend abgelegt hat, braucht dagegen eine Aufwertung seiner Währung nicht fürchten. Wichtig ist vor allem die wirtschaftliche Stabilität im Binnenmarkt selbst. Alles andere ist nachrangig. In einem intakten Binnenmarkt funktioniert selbstverständlich auch die unsichtbare Hand des Marktes, die alles „wie von Geisterhand" reguliert und ausgleicht. Viele Experten zweifeln inzwischen an der Richtigkeit dieser einst von Adam Smith propagierten Theorie und vergessen dabei, dass in einem globalisierten Chaotenmarkt mit völlig unterschiedlichen Standortbedingungen das ausgleichende Wettbewerbs-Grundprinzip nicht funktionieren kann (die Globalisierung letztlich die Abschaffung der Marktwirtschaft bedeutet).

Auch Weltwirtschaftskrisen würde es nicht mehr geben!
Würde die absurde internationale wirtschaftliche Verflechtung abgebaut und die Staaten sich vorwiegend ihrem eigenen Binnenmarkt widmen, wäre natürlich auch die allgemeine Ansteckungsgefahr bei Wirtschaftskrisen gering. Sollte es einmal einem Staat wie Griechenland oder Spanien schlecht gehen, wären andere Staaten von deren internen Schwierigkeiten kaum berührt. Die binnenmarkt-orientierten Industrien würden den Ausfall der beiden unwichtigen Exportmärkte kaum spüren. Aus dieser Stärke heraus wäre es auch einfach, den in Not geratenen Staaten aus der Patsche zu helfen (in Koordination mit dem IWF).

Die heutigen Abhängigkeiten und Verflechtungen führen leider zum gefürchteten Dominoeffekt. Bereits ein kleineres Land oder die Pleite einer Geschäftsbank kann die halbe Welt in den Abgrund reißen.

3. Die Perversion des ewigen Wirtschaftswachstums!
Wachstum ist nicht alles! Wenn ein Staat sich (durch den Abbau der Zölle) dem globalen Dumpingwettbewerb und dem undurchschaubaren Spiel der internationalen Finanzmärkte preisgibt (Kasinokapitalismus), unterwirft er sich damit unweigerlich auch dem Wachstumswahn. Denn im grausamen, weltweiten Vernichtungswettbewerb kann nur bestehen, wer ständig aufs Wirtschaftswachstum setzt. Also ganz gleich, was die Vernunft gebietet oder Umweltschutz und Rohstoffressourcen überhaupt hergeben – die Produktion muss gesteigert werden.

Nicht nur in Deutschland kommt es dabei zu paradoxen Entwicklungen. Obwohl die Reallöhne und damit auch die allgemeine Kaufkraft seit 38 Jahren sinken, verbrauchen Wirtschaft und Gesellschaft immer mehr Energie, Rohstoffe und Grünflächen. Warum benötigen wir immer neue Industriegebiete für einen rückläufigen Konsum? Warum Jahr für Jahr höhere umweltschädliche Warentransportaufkommen, wenn beim Verbraucher letztlich weniger ankommt?

Sinnloses Wirtschaftswachstum?

In einem intakten Binnenmarkt führt die Marktwirtschaft zum steten Interessenausgleich – die gesamte Gesellschaft profitiert von der fortschreitenden Produktivität. Um den Konsum nicht ins Uferlose wachsen zu lassen (kein Mensch braucht wirklich zwei Autos oder jedes Jahr zehn Paar neue Schuhe), könnte in einem intakten Binnenmarkt die steigende Produktivität über eine Verkürzung der Regelarbeitszeit ausgeglichen werden. Freizeit statt Konsum! Vor 30 Jahren war man bereits auf dem richtigen Wege. Als man begann, die Wochenarbeitszeit auf 35 Stunden zu reduzieren. Der Versuch war jedoch zum Scheitern verurteilt, weil nun einmal im globalen Dumpingwettbewerb (also bei fehlenden Zöllen) Arbeitszeitverkürzungen eine merkliche Standortbenachteiligung bedeuten. Ein Staat, der auf angemessene Zölle verzichtet, kann nicht mehr das tun, was logisch und sinnvoll wäre. Er ist dazu verdonnert, seine Produktionskosten der internationalen Konkurrenz anzugleichen. Und diese Zwänge führen zur allseits bekannten und bejammerten Abwärtsspirale.

Die systembedingte Ausschaltung der Marktwirtschaft durch die Globalisierung fordert ihren Tribut! Die Errungenschaften des technischen Fortschritts, die ausschlaggebend für die stetig steigende Produktivität sind, werden im großen Stil vergeudet! Immer mehr Produktivität landet im sinnlosen Nirwana, also zum Beispiel im stetig wachsenden Transportaufkommen, in der Bürokratisierung, der Vorschriftenflut, in teuren Werbemaßnahmen und dem weiten Feld der Stilllegung (Massenarbeitslosigkeit, Praktika, Frührenten, Doppelt- und Dreifachausbildungen usw.).

Selbst viele Investitionen sind inzwischen volkswirtschaftlich gesehen höchst unproduktiv, weil die staatliche Besteuerung menschenfeindlich ist (Arbeit wird verteuert, Investitionen dagegen subventioniert). Oft werden arbeitsvernichtende Maschinen angeschafft, die nur noch von hochausgebildeten Spezialisten gebaut und bedient werden können). Nur weil *der Faktor Arbeit mit hohen Abgaben bestraft wird (Seite 69)* und die Folgekosten der Automatisierung und Zentralisierung (Arbeitslosigkeit, neue Verkehrsanbindungen usw.) der Allgemeinheit aufgebürdet werden.

Das mehr an Produktivität lässt sich also sehr schnell wieder verplempern. Wir merken das meistens nicht, weil wir zu wenig darüber nachdenken, die Wandlungen sich schleichend vollziehen, man sich an die Veränderungen gewöhnt und es uns meistens (noch) relativ gut geht.

Ist die Digitalisierung eine Bedrohung?

Muss Deutschland sich vor der digitalen Revolution fürchten ? Sind unsere Arbeitsplätze und ist unser aller Wohlstand in Gefahr? Was die Digitalisierung betrifft: Ich finde es schlimm, wie da wieder einmal öffentlich Panik geschürt wird. Denn ein technologischer Fortschritt erweist sich langfristig immer als Segen für die Menschheit (falls Regierungen nicht alles vermasseln). Würde man sich über Zölle vom globalen Dumpingwettbewerb verabschieden, gäbe es auch keinen besonderen Rationalisierungsdruck. Dann würde halt nur das automatisiert, was sich wirklich (ohne staatliche Subventionen) rentiert.

Schon in der Vergangenheit wurde der Rationalisierungsdruck künstlich aufgebaut – indem man die Arbeitskosten über Sozialabgaben in die Höhe trieb. Würde man sich von dieser menschenfeindlichen Praxis verabschieden, die Sozialkassen also vorwiegend über Zölle oder Konsumsteuern (Mehrwertsteuern) finanzieren, würde die kontraproduktive, übersteigerte Automatisierungshysterie ganz von allein abflauen.

Der Druck entsteht durch die ausländische Konkurrenz!
Würden Zölle diesen Druck entweichen lassen und der Staat sich vom globalen Dumpingwettbewerb verabschieden, wäre es ziemlich nebensächlich, ob und wann sich die „digitale Revolution" in Deutschland durchsetzt. Dann kann man beruhigt abwarten, wie sich die Umwälzungen in anderen Ländern bewähren und aus den Fehlern der Vorreiter lernen. Man muss nicht immer jedem neuen Trend nachlaufen bzw. als erster auf jeden Zug aufspringen. Wenn man sich über Zölle aus dem globalen Wirtschaftskrieg heraushält, hat man das wirklich nicht nötig. Ein souveräner, von Ex- und Importen weitgehend unabhängiger Staat kann das Tempo der Digitalisierung selbst bestimmen. Ein wenig mehr Beständigkeit würde der überforderten Gesellschaft sicherlich gut tun. Sollte in einem zollgeschützten Deutschland dennoch die Digitalisierung zügig voranschreiten, wäre auch das kein Problem. Gibt es weniger Arbeit (wegen moderner Produktionsanlagen und eines gesättigten Wohlstandes) könnten endlich echte Arbeitszeitverkürzungen umgesetzt werden. Wäre doch schön, würde die Regelarbeitszeit in der Woche nur noch 25 statt 38 oder 40 Stunden betragen. Mehr Wohlstand bei weniger Arbeit, das ist schließlich der Sinn des technologischen Fortschritts (diese Binsenweisheit, die über Jahrhunderte so fantastisch funktioniert hat, scheint inzwischen in Vergessenheit geraten).

Die Arbeitszeitverkürzungen in den 1980er Jahren scheiterten am globalen Dumpingwettbewerb (hervorgerufen durch den Zollabbau). Diesen Zusammenhang sollten alle (vor allem aber unsere Politiker) inzwischen verstanden haben.

Werden durch die Digitalisierung Jobs überflüssig?

Klar, die digitale Revolution bringt einen weiteren Wandel in der Arbeitswelt mit sich. Manche Jobs werden überflüssig, andere neu entstehen. Aber diesen steten Wandel gibt es schon ewig, daran sollte man sich inzwischen gewöhnt haben. Entscheidend ist, wie mit der Veränderung umgegangen wird. Unterwirft man sich weiterhin dem Diktat des globalen Wettbewerbs, kann es bitter werden. Schützt man die eigene Volkswirtschaft aber über Zölle vor der unfairen ausländischen Billigkonkurrenz, richtet sich alles ganz von allein.

Wie ehrlich ist die deutsche Handelsbilanz?

Deutschlands hoher Leistungs- und Handesbilanzüberschuss scheint mir äußerst suspekt. Schon wegen der Besteuerung kommt es zu weitreichenden „Schummeleien" (weil bei Exporten Mehrwertsteuererstattungen winken, während umgekehrt Importe verzollt und versteuert werden müssen). Auf dieser Basis werden Exporte gerne erfunden (die es gar nicht gibt) und Importe kleingerechnet.

Zu denken gibt auch, dass der (vermeintliche) jährliche Handelsbilanz-überschuss in Höhe von über 200 Milliarden Euro auf Dauer keine globalen Verwerfungen zeigt. Wo bleibt das viele Geld – und vor allem, was hat die Bevölkerung davon? Wegen der gigantischen Handelsbilanzüberschüsse gilt Deutschland als Buhmann der EU bzw. der Welt, den man immer wieder attackieren und in die Pflicht nehmen darf! Wer dem hohen deutschen Handelsbilanzüberschuss vertraut, der glaubt vermutlich auch noch an den Weihnachtsmann oder meint, in unserem Land gäbe es keine Schwarzarbeit (weil sie verboten ist).

Ist die Europäische Union gescheitert?

Die kühnen Visionen von der europäischen Idee entpuppen sich zunehmend als Hirngespinste! Wann wird die heuchlerische EU-Propaganda endlich eingestellt? Wer kann angesichts der täglichen Horrormeldungen noch schweigen oder ruhig bleiben? Geben wir es doch endlich zu: Die Europäische Union ist gescheitert – und zwar auf der ganzen Linie! Die visionäre Solidargemeinschaft, die uns noch mehr Frieden und noch mehr Wohlstand bringen sollte, ist zur unberechenbaren Transferunion verkommen. Unser Kontinent brodelt. In vielen Ländern und Städten treibt es immer wieder die Massen auf die Straßen, weil die „wohlstandsfördernde" EU ihre Lebensbasis zerstört.

Die EU-Bürokraten wälzen natürlich alle Schuld weit von sich: Nicht die EU mit ihren zigtausenden von Vorschriften und Umverteilungsplänen trage die Verantwortung, sondern die unfähigen nationalen Regierungen, die noch weiter unter Kuratel gestellt werden müssten. Die EU zeigt damit ihr wahres Gesicht. Hinter der aufgesetzten Fratze der steten Wohlfahrt und des guten Willens tritt immer deutlicher der Charakter des angebeteten Götzenbildes zutage: Die EU erweist sich für die einst souveränen Staaten zunehmend als kompetenzlose Besatzungsmacht, die mit ihrer unzähmbaren Paragrafensucht die Volkswirtschaften zumüllt und erstickt. Kein Normalbürger wäre noch imstande, die verflochtenen Befehls- und Machtstrukturen zu durchschauen, insofern kann man auch die Demokratie als weitgehend abgeschafft betrachten. Es gibt kaum mehr Möglichkeiten und es fehlen die Helden, den sprichwortlichen gordischen Knoten zu durchschlagen.

Die Wirtschaft mancher Länder kollabiert derweil unter der Last der Brüsseler Förder- und Bevormundungspolitik. Besser gestellte Länder wie Deutschland, deren Bürger bereits seit 38 Jahren Reallohneinbußen erdulden müssen, werden noch mehr in die Pflicht genommen, um die angehenden Pleitestaaten zu retten. Umverteilung bis zum Untergang ist dann auch der wahre Konstruktionshintergrund der Multikulti-EU. Das Solidarprinzip wurde pervertiert, ebenso wie die Bürokratisierung, die Bevormundung und der Friedensgedanke, derweil unsere Soldaten im Rahmen der EU-Friedensmissionen in fremden Erdteilen verbluten.

Mit schamlosen Lügen, Schwüren und Verheißungen „Deutschland ist der größte Profiteur der EU", „ohne Euro könnte Deutschland nicht überleben", „Die EU sichert uns den Frieden" soll der Wähler eingelullt und getäuscht werden.

Auch in der Flüchtlingsfrage scheitert die EU! In der Flüchtlingskrise zeigt sich einmal mehr, wie sehr doch Propaganda und Realität auseinanderklaffen. Das Schengener Abkommen (der Abbau der Grenzen) führt geradewegs in die Katastrophe. Und die angemahnte Solidarität bleibt aus. Schon immer hieß es: „Die EU funktioniert nicht, es sei denn, Deutschland zahlt!". Daran hat sich bis heute nichts geändert.

Alles Lüge und Volksverdummung! Was soll diese EU? Was bringt diese EU? Fast alles, was von der mächtigen EU-Lobby an Vorteilen aufgezählt wird, ist erstunken und erlogen. Nur einige Beispiele:

„Die EU mehrt unseren Wohlstand!" Das Gegenteil ist der Fall! Seit 1980 sinken in Deutschland die inflationsbereinigten Nettolöhne und Renten, obwohl sich die Produktivität in dieser Zeit dank technischer Evolution verdoppelt hat. Für wie dumm also hält man die Bürger?

„Die EU sichert uns den Frieden!" Das Gegenteil ist der Fall! Deutsche Soldaten werden zunehmend im Namen der Bündnistreue in fernen Krisen- und Kriegsgebieten eingesetzt. Und den Krieg in der Ukraine hätte es, gäbe es keine EU, vermutlich auch nicht gegeben (weil sich dann die Frage einer Mitgliedschaft gar nicht erst gestellt hätte). Von einer friedensstiftenden EU kann also beileibe nicht die Rede sein.

„Deutschland profitiert als Exportland besonders von der EU!" Das Gegenteil ist der Fall! Erstens ist eine starke Exportabhängigkeit in höchstem Maße besorgniserregend. Und zweitens exportiert Deutschland im großen Stil auch in Nicht-EU-Länder.

„Die EU ist die einzig richtige Antwort auf die Globalisierung!" Das Gegenteil ist der Fall! Deutschland braucht weder die EU noch die Globalisierung. Der Abbau der Zölle stürzt die freie Welt in ein Chaos und beschert uns einen Kasinokapitalismus, dessen vorprogrammierter Zusammenbruch nur noch mittels einer abenteuerlichen Billiggeldschwemme aufgeschoben wird.

„Gerade für Deutschland erweist sich der Euro als Segen!" Das Gegenteil ist der Fall! Der Euro stellt entscheidende wirtschaftliche Grundsätze auf den Kopf und schwächt die Euro-Staaten ganz erheblich. Weil der Währungskurs und das Zinsniveau nicht mehr auf die spezielle wirtschaftliche Stärke eines Landes abgestimmt werden kann. Eine größere Idiotie als den Euro kann es kaum geben.

„Ohne EU hätten wir die Finanzkrise niemals gemeistert!" Das Gegenteil ist der Fall! Die Finanzkrise wurde nicht gelöst, sondern durch die Billiggeldschwemme und andere Machenschaften oberflächlich vertuscht und verdrängt. Genau das ist das Problem.

„Europa ohne EU wäre ein spannungsreicher Kontinent!"
Das Gegenteil ist der Fall! Die bürokratische EU und der Euro behindern eine individuelle, auf das jeweilige Land abgestimmte Wirtschaftspolitik. Der Zollverzicht tut sein Übriges, weil damit die eigene Industrie der ausländischen Dumpingkonkurrenz schutzlos ausgeliefert ist. Die ausufernde Subventionitis wiederum begünstigt die Korruption und wirtschaftliche Fehllenkungen (Aushebelung der Marktwirtschaft).

„Ohne EU könnten wir die Flüchtlingskrise nicht meistern!"
Das Gegenteil ist der Fall! Wenn 28 Staaten sich auf einen Konsens einigen müssen, kann kaum etwas Gutes dabei herauskommen. Ein souveräner Staat hingegen hat sich seine Handlungsfähigkeit bewahrt, kann notwendige Entscheidungen schnell umsetzen und seine Eigeninteressen ohne allzugroße Kompromisse, langjährige Querelen und Verhandlungen schützen. Er ist nicht angewiesen auf Verträge, die, wenn es darauf ankommt, nicht eingehalten werden (Schengen, Dublin, Maastricht).

„Die Wiederbelebung innereuropäischer Grenzen wäre eine Katastrophe!" Das Gegenteil ist der Fall! Von der EU-Lobby wird das Schengener Abkommen noch immer als große Errungenschaft gefeiert. Doch was hat der Verzicht auf nationale Grenzen innerhalb der EU wirklich gebracht? Die Wirtschaft beruft sich vollmundig auf jährliche Einsparungen in Zigmilliardenhöhe – doch die Bevölkerung hat davon nichts abbekommen (sinkende Reallöhne und Renten). Weil die Bequemlichkeiten beim Warentransport zum Missbrauch geradezu einluden (Auslagerung von Produktionsstätten in Billiglohnländer).

Hinzu kommt noch ein ganzer Rattenschwanz von Nachteilen, die fehlende Grenzkontrollen nun einmal mit sich bringen (erleichterter Mehrwertsteuerbetrug, Zigaretten-, Alkohol- und Drogenschmuggel, Zollvergehen, Zunahme der Kriminalität, der Umweltschäden usw.).

„Ohne EU würde Deutschland im internationalen Konzert nicht mehr wahrgenommen!" Das Gegenteil ist der Fall! Da ist er schon wieder, dieser unerträgliche Größenwahn! Wieso haben Staaten außerhalb der EU nicht diese alberne Angst vor einem „Bedeutungsverlust"? Und warum unterstellt man anderen Völkern und Regierungen immer wieder unverhohlen Dummheit und Ignoranz? Wären Chinesen, Inder oder Amis wirklich so blöd, ein souveränes Frankreich oder Deutschland nicht mehr „wahrzunehmen"? Bleibt etwa die Schweiz (die viel kleiner ist und nur ein Zehntel unserer Einwohnerzahl hat) außerhalb der EU unbeachtet und ohne jeden Einfluss?

„Wir brauchen Europa!"

Das Gegenteil ist der Fall! Schon die unseriöse Gleichsetzung der EU mit Europa nervt! Wer behauptet, „wir brauchen Europa", der meint doch eigentlich, „wir brauchen die EU". Denn zu Europa gehört Deutschland nun einmal zwangsläufig, daraus braucht man nun wirklich keine Notwendigkeit abzuleiten. Kein europäischer Staat braucht die EU! Und Deutschland erst recht nicht!

Was hält der Durchschnittsbürger eigentlich von der EU?

Abgesehen davon, dass es „den" Durchschnittsbürger gar nicht gibt: Die Wahrnehmung in der Öffentlichkeit ist recht oberflächlich und konzentriert sich häufig nur auf die offensichtlichen Annehmlichkeiten beim Reisen (keine Grenzkontrollen, kein Geldumtausch).

Die wenigsten Leute zerbrechen sich aber den Kopf darüber, wie hoch der Preis ist für diese Bequemlichkeiten. Von unseren führenden Politikern, Wirtschaftsvertretern und Journalisten kommt mantrahaft die Botschaft, die EU fördere unseren Wohlstand und sichere den Frieden. Doch das sind alles nur großsprecherische, hohle Phrasen – die Beweise bleiben aus. Wirtschaftlich gesehen halte ich die EU und vor allem den Euro für ein absolutes Desaster. Grob geschätzt dürften die Realeinkommen und Renten in Deutschland um etwa 50 Prozent über den heutigen Niveau liegen, wenn es die EU und den Euro gar nicht geben würde bzw. Deutschland aus der unseligen Transferunion ausscheren würde (wozu sich die Briten schon entschlossen haben).

Das Großexperiment EU wird in Deutschland, anders als in anderen Staaten, selten hinterfragt. Es wird betrachtet wie die größte Selbstverständlichkeit aller Zeiten, wie ein unumkehrbares Naturereignis. Ein Scheitern der EU wird als Supergau gehandelt und gar nicht erst in Betracht gezogen. Wird in einer Talkshow versehentlich doch einmal die Sinnfrage gestellt, liest man aus den Gesichtern der etablierten Politiker nur blankes Entsetzen. Logisch, dass sich eine solch unkritische Grundhaltung unserer „Vorbilder und Vordenker" und 50 Jahre einseitige EU-Propaganda auch auf die Bevölkerung überträgt.

Manche Medien trauen sich zwar, kritisch über die Auswüchse der EU zu berichten (Billiggeldschwemme, Transferunion, Flüchtlingskrise usw.), die EU als Ganzes aber wird dabei nicht in Frage gestellt. Für den Mainstream der Medien gibt es zur EU keine Alternative. Parteien, die das anders zu sehen wagen, werden mit dem Bann des Irrationalen oder Rechtsradikalen belegt.

Ist die EU noch reformierbar?

Mit Verzweiflung klammern sich hartgesottene Fanatiker an den Glauben, die gewaltigen Probleme in der EU könnten über Reformen doch noch gelöst werden. Doch wie realistisch ist diese Hoffnung?

Am Anfang stand die Hoffnung ...

Schon im Mai 1948 sprach sich Churchill öffentlich dafür aus, ein vereinigtes Europa anzustreben. Die damaligen Vorstellungen entsprachen den Wünschen der USA. Europa sollte dadurch besser zu kontrollieren sein. Um die Bevölkerung für den europäischen Traum zu begeistern wurde ihr eingeredet, eine Europäische Union schaffe Frieden und Wohlstand. Im chaotischen Elend der Nachkriegswirren fielen derlei Versprechen natürlich auf fruchtbaren Boden. Dabei ging es den USA aber schon damals hauptsächlich um geostrategische Überlegungen im Kampf gegen den Sowjet-Kommunismus.

Was aus der einstigen Vision einer „friedensstiftenden und wohlstandsfördernden EU" im Laufe von 70 Jahren geworden ist, haben inzwischen alle mitbekommen – auch wenn die Folgen bisweilen immer noch hartnäckig verklärt werden. Die EU ist zu einem aufgeblähten, demokratiefeindlichen, bürokratischen Monstrum mutiert, das die Handlungsfähigkeit der Mitgliedsstaaten (und deren Volkswirtschaften) extrem einschränkt. Statt der angestrebten Solidarität hat sich die Missgunst wie ein Krebsgeschwür europaweit ausgebreitet. Die meisten EU-Europäer fühlen sich fremdbeherrscht und übervorteilt.

Mit welchen Reformen könnte die EU saniert werden?

Die EU ist ein Hort lähmender Vorschriften und Widersprüche. Die Paragrafenflut ist, gepaart mit nationalen Gesetzen, in der Praxis kaum noch beherrschbar. Schon dadurch ist die bizarre „Union" zum Scheitern verurteilt! Bezüglich des Euro ist das Dilemma noch offensichtlicher. Wie soll eine Gemeinschaftswährung ohne einheitliche Finanz- und Wirtschaftspolitik funktionieren? Kann mir das jemand erklären?

Egal von welcher Seite man es auch betrachtet: Die EU ist und bleibt eine absolute Katastrophe, eine Fehlkonstruktion! Lösbar wären die Probleme nur, wenn alle Mitgliedsländer zu einem Einheitsstaat verschmelzen würden. Aber mit Ausnahme Deutschlands sehe ich weit und breit kein zweites Land, das bereit wäre, seine eigene Souveränität und historisch gewachsene Identität ohne Not aufzugeben. In allen EU-Staaten (mit Ausnahme Deutschlands) ist auch überall ein ausgeprägtes

Nationalbewusstsein vorhanden. Per Dekret lässt sich dieses natürliche Zugehörigkeitsgefühl nicht einfach abstreifen und durch ein großeuropäisches Wertegefühl ersetzen. Wie will man das ändern? Mit Gewalt? Mit jahrzehntelanger Gehirnwäsche?

Auf Dauer können die EU und die Nationalstaaten nebeneinander nicht bestehen! Aber diesen Zusammenhang wollen oder können viele Menschen nicht eingestehen. Sie klammern sich an träumerischen Visionen und Wünschen, die unerfüllbar bleiben. Verständlich, dass alle Nutznießer der EU (vor allem die Postenschacherer) ihre Pfründe bewahren oder zumindest über die Zeit retten wollen. Verständlich auch, dass die Propagandisten der EU, seien es nun Wirtschaftsbosse, Politiker oder Journalisten, ihren fatalen Irrweg nicht zugeben möchten und die Hoffnung nie aufgeben.

Manch unbelehrbare Lobbyisten meinen, die EU über den Rückwärtsgang doch noch retten zu können. Aber wo will man mit dem Rückbau anfangen? Die Abschaffung des Euro wäre bereits ein riesiger Kraftakt, der auf freiwilliger Basis offenbar nicht zu bewerkstelligen ist. Nach dem Euro müsste das Schengener- und das Dublinabkommen einkassiert werden. Und was geschieht mit dem EU-Binnenmarkt, der Zollfreiheit innerhalb der Gemeinschaft? Nicht einmal dieser Grundpfeiler der EU hat sich bewährt! Er erweist sich zunehmend als kontraproduktiv. Weil er einen absurden und umweltschädlichen Warentourismus fördert und die Monopolisierung der Wirtschaft vorantreibt. Kleinen Ländern wird durch die Zollfreiheit die Möglichkeit genommen, eine eigene leistungsfähige Volkswirtschaft aufzubauen. Weil heimische mittelständische Betriebe ohne Zollschutz gegen die Giganten aus dem Ausland schwerlich ankommen können.

Da die in aufwühlenden Sonntagsreden immer wieder proklamierten Visionen und Reformen in der überstrapazierten „Gemeinschaft" nicht durchsetzbar sind, muss man Schlimmes fürchten. Eine zivilisierte, geregelte Auflösung der EU wird es vermutlich nie geben, sie wird immer wieder durch Flickschustereien, gigantische Transfermilliarden, Billiggeldschwemmen und Notprogramme hinausgeschoben werden.

Aber aufgeschoben ist nicht aufgehoben. Die über viele Jahrzehnte aufgestauten Probleme und Widersprüche werden sich, da bin ich mir ziemlich sicher, eines Tages in einem wirtschaftlichen Zusammenbruch entladen. Wann das soweit ist, weiß niemand. Es kann bereits in einigen Monaten zur Eskalation kommen aber auch erst in einigen Jahren oder Jahrzehnten.

Fachkräftemangel –
die Hintergründe der Jahrhundertlüge

Der vorgetäuschte Fachkräftemangel dient der Lohndumpinglobby als Vorwand, Deutschland in ein Multikulti-Einwanderungsland umzuformen. Die Folgen sind unabsehbar.

Sind wir ein Volk, das ohne fremde Hilfe nicht auskommt?
Seit den 1950er Jahren schon wird der deutschen Bevölkerung etwas vorgemacht! Es wird ein steter Fachkräftemangel angemahnt und daraus folgernd die Notwendigkeit einer Massenzuwanderung abgeleitet. Doch der Import von Arbeitskräften ist unnötig und schafft neue, weit größere Probleme. Aus folgenden Gründen:

**1. Ein großes Land wie Deutschland kann schon
rein theoretisch nicht auf Zuwanderung angewiesen sein!**
Wie kommt man nur auf die seltsame Idee, ein dichtbesiedeltes Land mit 60, 70 oder 80 Millionen Einwohnern sei auf ausländische Fachkräfte angewiesen? Eine solche Denke ist doch pervers! Die Bevölkerung eines Landes kann eh nur das beanspruchen und verteilen, <u>was sie in ihrer Gesamtheit zu leisten vermag</u>. Die Höhe der Arbeitsleistung und der Produktivität bestimmt letztlich den allgemeinen Wohlstand.

Wird die Bevölkerungszahl, wie in Deutschland geschehen, durch Zuwanderung um 20 Millionen Einwohner aufgestockt, verbessert sich dadurch grundsätzlich nichts. Eine Verbesserung des Wohlstandsniveaus würde erst eintreten, wenn die Einwanderer insgesamt besehen <u>arbeitsamer und besser ausgebildet wären</u> als ihre deutschen Kollegen. Das ist aber nun wirklich nicht der Fall. Die Produktivität der Migranten ist im Durchschnitt deutlich niedriger (wegen der Sprachschwierigkeiten, notwendiger Integrationsmaßnahmen, niedrigerer Bildungsniveaus, einer weit geringeren Beschäftigungsquote). Folglich verschlechtert sich durch die Zuwanderung der allgemeine Lebensstandard.

2. Fachkräftemangel gibt es nur dort, wo schlecht bezahlt wird!
Wenn es in einem bestimmten Bereich zu einem Arbeitskräftemangel kommt, liegt das in der Regel an den Versäumnissen der Arbeitgeber. Zum einen, weil sich zu wenig um die Ausbildung des Nachwuchses bemüht wurde. Oder, was weit schwerer wiegt, weil die Entlohnung nicht stimmt. Würden Pflegekräfte besser bezahlt und der dort übliche Ar-

beitsstress abgebaut, gäbe es auch in dieser Branche genügend Zulauf.

Nun wird oft argumentiert, eine höhere Entlohnung ließe der Markt nun einmal nicht zu. Eine solche Argumentation ist absoluter Nonsens! Der Markt erzwingt immer das, was erforderlich ist. Wenn bundesweit die Gehälter für Pflegekräfte ansteigen, erhöhen sich für alle Pflegeheime zwar die Personalkosten, aber die Konkurrenzsituation bleibt unverändert. Die Pflegeversicherungen müssen dann ihre Beiträge anheben – oder aber die Leistungen kürzen. So funktioniert Marktwirtschaft! Billigkräfte aus dem Ausland sorgen dafür, dass das natürliche Prinzip von Angebot und Nachfrage ausgehebelt wird. Auf diese Weise können überfällige Lohnanpassungen ausbleiben.

Oft genug wird dieses widerliche Lohndumping auf Kosten der Gesellschaft ausgetragen. Da verdient dann zum Beispiel ein ausländischer Erntehelfer im Monat nur 1500,- Euro (ein Einheimischer würde mehr verlangen), aber Vater Staat muss womöglich noch zusätzlich 1000,- Euro an Kindergeld drauflegen (für die im Ausland lebenden Kinder). Volkswirtschaftlich betrachtet ist dieses System ein dickes Minusgeschäft. Denn insgesamt gesehen kommt der ausländische Erntehelfer teurer als sein deutscher Kollege. Und der in Deutschland lebende Hartz-IV-abgesicherte Langzeitarbeitslose (mit oder ohne Migrationshintergrund) bleibt zuhause. Er verspürt bei den üblichen niedrigen Entgelten wenig Lust, sich als Erntehelfer zu verdingen.

Das Argument, höhere Löhne für Erntehelfer würde der Markt nicht hergeben, ist engstirnig. Zwar würden die Preise für Obst und Gemüse bei besserer Bezahlung der Erntehelfer etwas anziehen. Aber für Lebensmittel wird (im Gegensatz zu früher) heute eh nur noch ein Bruchteil des Haushaltseinkommens ausgegeben. Das hängt auch mit der EU-bedingten hohen Subventionierung der Landwirtschaft zusammen. Und ist zudem Folge des Mehrwertsteuer-Sondertarifs (nur 7 % statt der sonst üblichen 19 %).

Der Mensch wird immer essen wollen, er wird höhere Preise akzeptieren, falls notwendig. Er wird nicht störrisch sein und sagen, „ich esse nur, wenn ich die Lebensmittel fast geschenkt bekomme“. Es hat sich in unserer Gesellschaft leider ein pervertiertes Denken eingebürgert, das den Respekt vor der Natur und den Nahrungsmitteln oft vermissen lässt (Wegwerfgesellschaft).

Und was die ausländische Konkurrenz betrifft: Die Schweiz zeigt anschaulich, wie man die heimische Landwirtschaft vor ausländischen Billigprodukten schützen kann (muss): Sie erhebt saisonal Einfuhrzölle von bis zu 500 Prozent. Wenn zum Beispiel in der Schweiz gerade

Erntezeit für Erdbeeren ist, schnellen die Zölle für eingeführte Erdbeeren in die Höhe.

3. „Aber zumindest in den Wirtschaftswunderjahren war die deutsche Wirtschaft auf ausländische Arbeitskräfte angewiesen!"

Falsch! Absolut falsch! Auch das ist eine Mär, eine Lebenslüge! Denn was wäre geschehen, hätte es vor 50 oder 60 Jahren keine Gastarbeiter gegeben? Der Fachkräftemangel hätte zu einem stärkeren Lohnanstieg geführt, unsere Exporte wären teurer und damit unattraktiver geworden. Folglich hätte sich der überhitzte Exportmotor abgekühlt und der Arbeitsmarkt ganz von allein normalisiert. Leider wird das natürliche marktwirtschaftliche Geschehen durch staatliche Eingriffe immer wieder torpediert. Denn der Staat (dirigiert von unseren Volksvertretern) ist es schließlich, der den Wünschen der mächtigen Kapitallobby immer wieder nachkommt (auch was die ungezügelte Zuwanderung betrifft).

4. „Aber hochqualifizierte Spezialisten sind doch ein Gewinn für Deutschland!"

Ja sicher! Gute Ärzte, Ingenieure, Professoren, Forscher, Wissenschaftler, die die Auslese einjeder Gesellschaft bilden und deren Ausbildung allein schon Hunderttausende Euro verschlungen hat, sind für jedes Land ein Glückslos, ein Gewinn. Aber das Abfischen dieser Eliten ist unanständig, eine Art geistiger Diebstahl. Denn diese Spezialisten werden dringend für den Aufbau des eigenen Heimatlandes benötigt.

Nun könnte man einwenden, eine Vorteilsnahme sei unterm Strich nicht gegeben, denn schließlich muss auch Deutschland die Abwanderung seiner Spitzenkräfte akzeptieren, es fände also nur ein magerer Ausgleich statt. Es ist aber ein Ausgleich, bei dem benachteiligte Entwicklungsländer am Ende den Kürzeren ziehen. Weil dort kaum attraktive Löhne gezahlt werden können. Eigentlich müssten hochqualifizierte Spezialisten, die ihr Heimatland verlassen, dem Staat zumindest die Kosten für die elitäre Ausbildung rückerstatten. Aber das wird in der Praxis kaum umsetzbar sein.

5. Zuwanderer leben nicht von Luft und Liebe!

Gestern hörte ich wieder einmal im öffentlich-rechtlichen Fernsehen die übliche Leier: „Was wären wir doch ohne unsere Zuwanderer? Wir hätten einen akuten Pflegenotstand! Darüber sollten alle Populisten doch einmal nachdenken!"

Naiver geht's nimmer! Es wird ausgeblendet, dass die Zuwanderung

Probleme nur verschiebt. Einige Löcher (die durch unattraktive Löhne entstanden sind) werden auf diese Weise mehr schlecht als recht gestopft. Weit größere Löcher an anderer Stelle aber werden aufgerissen!

Denn auch der Einwanderer hat schließlich menschliche Bedürfnisse, er braucht für sich und seine Familie eine Wohnung, eine Krankenversorgung, Dolmetscher, Verwaltungsbeamte usw. Am Ende fehlen dann keine Pflegekräfte oder Erntehelfer, sondern Lehrer, Polizisten, Ärzte, Verwaltungsbeamte, Ingenieure, Sozialarbeiter, Richter, Juristen, Handwerker oder was auch immer. Es müssen Wälder gerodet, neue Straßen, Schulen und Wohnungen gebaut werden – eben der ganze Rattenschwanz, der mit einer modernen Gesellschaft nun einmal verbunden ist. Unterm Strich erhöht sich durch die Zuwanderung die Zahl der fehlenden Fachkräfte. Und zwar beträchtlich! Es ist leider kein Nullsummenspiel. Der Mangel weitet sich aus!

6. „Aber die Zuwanderung von Fachkräften behebt doch unsere demografischen Probleme!"

Die Einwohnerzahl Deutschlands hat sich in den letzten 50 Jahren um etwa 14 Millionen Menschen erhöht (als Folge der Zuwanderung). Deutschland hat jetzt eine Bevölkerungsdichte von 227 Einwohnern pro qkm. Zum Vergleich: Die USA kommen gerade einmal auf einen Wert von 32, Schweden hat nur 21 Einwohner pro qkm und Kanada sogar nur 4. Die häufig lancierte Befürchtung, Deutschland sterbe aus, ist irreal!

Selbst unser Rentensystem stünde ohne hohe Zuwanderung besser da. Und was die derzeit niedrige Geburtenrate betrifft: In Zeiten der globalen Bevölkerungsexplosion wäre eine stagnierende oder gar leicht sinkende Einwohnerzahl beileibe nichts Furchterregendes. Es wäre vielmehr ein positives Signal an die Weltgemeinschaft (das von einem übergeordneten, selbstlosen Verantwortungsbewusstsein zeugt).

Außerdem weiß niemand, wie sich die Geburtenrate bei abflachender Zuwanderung verändern würde. So manche Paare verzichten heute auf einen Kinderwunsch, weil sie die Zukunft dieses Multikulti-Staates recht negativ beurteilen und nicht möchten, dass ihre Schulkinder sich in kulturfremden Migrationsklassen durchschlagen müssen. Außerdem haben so manche Bundesbürger das Vertrauen in unseren *Rechtsstaat (Seite 82)* verloren (wegen nicht erfolgter Abschiebungen, verschleppter Asylverfahren, Sozialmissbrauch, der EU-Schuldenunion, ständig wachsender Arbeitsbelastung, fortschreitender Bürokratisierung usw.). Der deutschfeindliche EU-Multikultistaat, der tagtäglich medial die Nazi-

Vergangenheit aufleben lässt (Schuld- und Sühnekultur), ist nicht mehr das Land, in dem sie sich wohl und geborgen fühlen.

7. „Wenn die Babyboomer-Generation in Rente geht, droht ein gewaltiger Fachkräftemangel!"

Seit Jahrzehnten wird geunkt und auf dem demografischen Wandel herumgeritten. Es stimmt, die Babyboomer, also die Menschen, die bis 1965 geboren wurden, scheiden in 10 bis 15 Jahren aus dem Berufsleben aus. Dadurch verringert sich die Gesamtzahl der Beschäftigten in Deutschland. Aber das ist auch gut so, denn durch die *Digitalisierung und Automatisierung (Seite 47)* werden weniger Arbeitskräfte gebraucht.

Und falls es ab 2030 doch einmal zu einem echten Fachkräftemangel kommen sollte, könnte immer noch das Fünfmillionenheer der Erwerbslosen aktiviert werden. Dann müssten Arbeitgeber mit ihrer Rosinenpickerei aufhören und auch Leute beschäftigen, die schon etwas älter sind oder keine 120 Prozent Leistung erbringen können.

Davon abgesehen: Beim (vermeintlichen) Demografieproblem sprechen wir über einen Zeitabschnitt von ca. 20 Jahren. Bereits um das Jahr 2050 wird die Ausnahmesituation auf natürliche Weise enden. Deshalb ist auch bezüglich der Rentenfinanzierung die inszenierte Panik unangebracht.

8. Wer sind die Gewinner, wer die Verlierer der hohen Zuwanderung?

Scheinbare Gewinner sind zunächst einmal all diejenigen Firmen, die kurzfristig offene Stellen mit ausländischen Fachkräften besetzen können. Sie können weiterwursteln wie bisher, müssen ihre Löhne nicht anheben, weniger in die betriebseigene Nachwuchsausbildung investieren. Zum Beispiel brauchen dann Handwerksbetriebe der Baubranche in einer Phase künstlich angeheizter Konjunktur (Billiggeldschwemme) seltener lukrative Aufträge ablehnen. Wie toll! Eine echte win-win-Situation?

Leider nicht! Die langfristige Folge wird sein: Irgendwann ziehen die Zinsen wieder an. Der Bauboom endet, die Beschäftigungszahl geht dramatisch zurück, zigtausend ins Land gelockte Bauarbeiter sind ohne Arbeit. Sie und ihre Familien muss dann Vater Staat auf Kosten der Allgemeinheit versorgen, womöglich bis zum Lebensende. Denn ein so unverfroren künstlich erzeugter Bauboom wird sich kaum jemals wiederholen. Klar also, dass die Wirtschaftslobbyverbände sich grundsätzlich für eine hohe Zuwanderung aussprechen. Denn Profiteure denken kurzfristig und egoistisch, die volkswirtschaftlichen Langzeitfolgen sind nicht ihr Ding. Weitere Fürsprecher einer hohen Zuwanderung sind generell auch Vermieter und Immobilienbesitzer. Je mehr Zulauf, desto knapper das Angebot – Mieten und Immobilienpreise steigen.

Eine Zunahme der Bevölkerung begrüßen grundsätzlich auch Produzenten, Händler, Verleger usw. Denn die Nutznießer sind ganz auf ihre Absatzzahlen fixiert. Je mehr Menschen, desto höher das Wirtschaftswachstum. Das freut. Eine tolle Logik, gell? Es kommt also keineswegs überraschend, wenn von allen Seiten immer wieder eine höhere Zuwanderung eingefordert wird oder Bestrebungen bestehen, Deutschland zum offiziellen Einwanderungsland zu küren.

9. Die Vortäuschung des Fachkräftemangels setzt weltweit falsche Signale!

Viele Afrikaner und Araber meinen tatsächlich, sie würden in Deutschland dringend gebraucht und fänden hier einen gutbezahlten Job. Unsere abgehobene Wirtschaftswunderpropaganda schürt falsche Hoffnungen und Begehrlichkeiten. Die Fachkräftemangel-Fake-News verleiten Hungerleider aus fernen Kontinenten, ihr Heimatland zu verlassen, ihr letztes Hab und Gut zu verscherbeln oder sich zu verschulden, um die Schleusung nach Europa (Endziel ist meist Deutschland) bezahlen zu können. Für ihren Traum vom sorgenfreien Paradies riskieren sie sogar ihr Leben. Hier endlich angekommen müssen sie frustriert feststellen, dass alles ganz anders ist. Die unverantwortliche Proklamation des Fachkräftemangels verursacht letztlich gesellschaftliche Umbrüche, deren Folgen verheerend sein können.

Jährliche Migrationsbewegungen:

400.000 bis 500.000 jährlicher Bevölkerungszuwachs in Deutschland aufgrund der EU-Niederlassungsfreiheit.

Weitere 200.000 bis 300.000 kommen jährlich als Flüchtlinge, Asylanten und im Rahmen des Familiennachzugs.

??? Was erwartet uns, wenn Deutschland zum offiziellen Einwanderungsland erklärt wird?

Derzeit (August 2018) gibt es in Deutschland als Folge der Billiggeldschwemme 650.000 offene Stellen. Aber es gibt auch ca. 2,4 Millionen offizielle und bestimmt genauso viele inoffizielle Arbeitslose, die aus unterschiedlichen Gründen nicht mitgezählt werden (Bilanzkosmetik). Bummelig müssen wir insgesamt also von mindestens fünf Millionen

„echten" Arbeitslosen ausgehen. Trotzdem heißt es süffisant, wir hätten die Vollbeschäftigung fast erreicht. Welch ein Hohn! Für 2019 wird eine Zinswende erwartet. Dann ist Schluss mit lustig, dann endet der Bauboom, dann wächst das Heer der Arbeitslosen weiter an.

Nach einer Studie der Bertelsmann-Stiftung steigt die Arbeitslosigkeit in Europa bis 2050 auf 25 %. Andere Experten haben errechnet, dass in Deutschland durch die fortschreitende Automatisierung 35 % der Arbeitsplätze bedroht sind. Und, ich weise nochmals darauf hin: Laut allgemeiner Prognosen verdoppelt sich die Bevölkerungszahl Afrikas von derzeit 1,25 Milliarden bis 2050 auf 2,5 Milliarden. Bis zum Ende dieses Jahrhunderts erwartet man sogar einen Anstieg auf 4,5 Milliarden Einwohner. Viele dieser Afrikaner hoffen, in Deutschland eine gut bezahlte Arbeit finden zu können, unter Umständen hier sogar reich werden zu können (was dann meist nur auf kriminellem Wege gelingt). Wann hören unsere Willkommenskultur-Gutmenschen endlich auf, falsche Signale in die Welt zu setzen?

Werden Sie hellhörig, wenn wieder einmal in den Medien behauptet wird, Deutschland sei auf eine hohe Zuwanderung angewiesen!
Ich halte eine solche Behauptung (Propaganda) für eine der zentralen Lebenslügen, mit der unsere Gesellschaft seit über 60 Jahren verdummt wird. Wenn Sie anderer Meinung sind als ich, können Sie es mir per Email gerne mitteilen unter m.mueller@iworld.de. Sachlichen Argumenten gegenüber bin ich stets aufgeschlossen.

Sind EU und Weltwirtschaft nur über eine Billiggeldschwemme zu retten?

Eine Billiggeldschwemme ist gewissermaßen das letzte Aufgebot, um eine Volkswirtschaft vor dem drohenden Zusammenbruch zu retten. Die Zentralbanken verleihen dabei Geld (welches sie in unbegrenzter Menge per Knopfdruck generieren können) zu einem lächerlich niedrigen Leitzins oder gar kostenlos an private Geldinstitute. Dieser riskante Vorgang sorgt für eine vorübergehende Belebung der Wirtschaft. Aber wie lange kann dieser Trick funktionieren und wie kommt man aus dieser Nummer wieder heraus?

Anfang der 1920er Jahre führte die staatliche Geldschwemme zu einer Hyperinflation!
Im Grunde ist die Billiggeldschwemme nichts anderes als das ehemalige Anschmeißen der Notenpresse, mit der die Regierung der Weimarer Republik nach dem 1. Weltkrieg ihre Haut retten wollte. Der Unterschied zu heute: Bei den weltweit verflochtenen Finanzmärkten blickt keiner mehr so richtig durch (der Bürger bekommt die Geldschwemme nicht direkt zu spüren). Dies gilt umso mehr, wenn sich (wie im Euroraum) unterschiedlich starke Nationalstaaten zu einem Währungsverbund zusammengeschlossen haben.

Die Geldflutung über die Zentralbanken ...
Seit Jahren nun hält die EZB den Leitzins bei 0 %. Sie begründet diesen Wahnsinn mit der niedrigen Inflationsrate im Euroraum, die nach amtlicher Bemessung bei rund 1,5 % liegt. Aber wieso erfasst der Leitzins dann nicht einmal diese ausgewiesene Inflationsrate? Neben der Inflationsrate müsste auch noch ein Bearbeitungs- und Risikoaufschlag von ca. 2 % berücksichtigt werden, so dass der Leitzins dann bei 3,5 % liegen würde. Die EZB fürchtet, steigende Zinsen könnten in die Deflation führen. Ich halte dies aber keineswegs für ausgemacht. Das internationale Finanzkasino ist heute derart unüberschaubar und chaotisch, dass auf alte Regeln kein Verlass mehr ist.

Wie seriös ist die amtliche Berechnungsgrundlage überhaupt?
Und eine andere Frage stellt sich! Warum ist die *Inflationsrate (Seite 18)* so niedrig, wo doch die EZB nach Herzenslust neues Geld generieren darf? Liegt es womöglich daran, dass heute entscheidende Kapital-

anlagemöglichkeiten bei der Inflationsberechnung ausgeklammert werden? Die Wertentwicklung zum Beispiel bei Aktien, Gold und Immobilien erwies sich insgesamt als äußerst inflationär – sie bleibt aber unberücksichtigt. Früher spielten diese Investments eine geringere Rolle, denn der Geldkreislauf war ein ganz anderer (Geld wurde schnell in Umlauf gebracht und weniger gehortet). In Zeiten der wundersamen Geldvermehrung verliert die Realwirtschaft an Bedeutung. Immer mehr Kapital fließt in spekulative Anlageformen. Rund um den Erdball, so dass vieles im Dunkeln bleibt.

Containervermietung als Kapitalanlage ...

Als Beispiel möchte ich, da gerade aktuell, das Debakel mit dem Containerhandel anführen. 50.000 Anleger investierten in den Kauf von Schiffscontainern, die dann über eine Vertriebsfirma zu einem Garantiepreis angemietet wurden (mit dem Versprechen, die Container später einmal wieder zurückzukaufen). Vermutlich sind jetzt alle Investoren ihr Geld los, eventuell müssen sie sogar noch für weitere Risiken, Lagerkosten und Schäden haften.

Ohne Billiggeldschwemme wäre dieses Anlageprodukt kaum denkbar gewesen. Warum sollte sich Otto Normalbürger auf riskante Manöver einlassen, wenn Banken das Kapital angemessen verzinsen?

Leidtragende und Nutznießer der Billiggeldschwemme ...

Leidtragende sind zunächst einmal die Sparer, die schleichend enteignet werden, ebenso natürlich die Besitzer einer Lebensversicherung und alle, die dem Ruf nach einer privaten Altersvorsorge gefolgt sind.

Geschädigt wird durch die Billiggeldschwemme aber vor allem die Volkswirtschaft (die gesamte Bevölkerung muss also darunter leiden), da geliehenes Geld keinen fairen Preis mehr hat! Was wiederum zu falschen Investitionsanreizen führt (und damit das langfristige Produktivitätswachstum und die Lohnentwicklung hemmt)!

Der Sparer blutet – und Vater Staat spart zigmilliarden Euro im Jahr an Zinszahlungen!

Nutznießer sind vor allem Politiker, da sie dem Volk in ihrer Amtszeit eine blühende Wirtschaft vorgaukeln können (sich im Erfolg sonnen dürfen). Zudem können sie durch den Zinstrick einen ausgeglichenen Haushalt präsentieren, da sie für die hohen Staats- und Landesschulden nur noch geringe Zinsen aufwenden müssen.

Mit den eingesparten Milliardensummen können dann Wähler mit teuren Leistungsgesetzen (zum Beispiel dem Baukindergeld und höheren Sozialhilfen) geködert werden, während die gebeutelten Sparer bei all dem Kuddelmuddel kaum ausmachen können, wer für das Debakel (ihre schleichende Enteignung) verantwortlich ist.

Der Aufkauf von Staatsanleihen ...
Wenn die Moral völlig am Boden liegt, schreckt die EZB offenbar auch nicht mehr davor zurück, die Staatsanleihen maroder Staaten aufzukaufen (damit auch sie in den Genuss marktverfälschender, spottbilliger Zinsen kommen). Hat man unserer Bevölkerung nicht einst hoch und heilig versichert, dass solche Machenschaften ausgeschlossen sind? Und hat man nicht vor Inkrafttreten des Euro eine oberste Staatsverschuldungsgrenze (60 % des BIP) für Euro-Staaten festgelegt? Aber muss sich die EZB oder die EU an eigene Vorgaben und Versprechen halten?

Mit dem Aufkauf von Staatsanleihen hat man meines Erachtens nicht nur die Eurozone zu einer Transferunion umgestaltet, sondern auch eine Art perpetuum mobile erfunden. Der Staat finanziert sich selbst über den Aufkauf seiner eigenen Schuldendienste (also über die Druckerpresse). Wozu braucht man da eigentlich noch Steuereinnahmen? Wann gibt es endlich Freibier für alle?

Was geschieht, wenn die Konjunktur einbricht? Bislang war es üblich, Rezessionen mit Zinssenkungen zu begegnen. Aber wie soll das gehen, wenn Zentralbanken selbst in besseren Zeiten eine Nullzinspolitik betreiben? Einen Spielraum nach unten gibt es da nicht mehr.

Das Vertrauen in die Währung ist das wichtigste Gut!
Das System der Billiggeldschwemme funktioniert, solange der einfache Bürger das Vertrauen in die Währung nicht verliert. Schon der kleinste Anlass zur Panik kann zu einem Dominoeffekt führen. Ich habe oft den Verdacht, dass die Billiggeldschwemme nur „erfunden" wurde, um das europäische und globale Zollfreihandelssystem über die Zeit zu retten.

PS: Der Inflationsanstieg Anfang der 1920er Jahre im Deutschen Reich: 1920 ca. 200 %, 1921 ca. 50 %, 1922 ca. 3000 %, 1923 ca. 100.000.000.000 %. Ergo: Die Inflationsrate verlief keineswegs geradlinig ansteigend, wie allgemein angenommen. 1921 hoffte man noch, sie in den Griff bekommen zu können. Nach der Währungsreform im Januar 1924 kostete ein Brot, wofür im Dezember 1923 noch 400 Milliarden Reichsmark verlangt worden waren, dann 0,30 Rentenmark.

Sind die Leiter der Zentralbanken mächtiger als die Staatschefs?

Die Frage scheint mir durchaus legitim. Denn letztlich entscheidet der vermeintliche Zustand der eigenen Volkswirtschaft darüber, ob eine Regierung im Amt bleibt oder nicht. Und der wesentliche Faktor in dieser Hinsicht ist die Höhe des Leitzinses, der von den unabhängigen Notenbankchefs bestimmt wird.

Herr Draghi als Vertreter der EZB steht für die Nullzinspolitik, die Billiggeldschwemme *(Seite 62)* und den Aufkauf von Staatsanleihen. Dieser hochriskanten Geldpolitik verdankt die Bundesrepublik den Abbau der Staatsschulden, den Bauboom, die künstliche Stimulierung der Konjunktur, die wirtschaftliche Scheinblüte.

Mein persönliche Einschätzung: Nur durch die Billiggeldschwemme blieb Frau Merkel so lange an der Macht. Und sollte ihr/e Nachfolger/in mit steigenden Zinsen konfrontiert werden, sieht es düster aus für die nächste Regierung, für Deutschland, die EU, die komplex verflochtene Weltwirtschaft.

Wir erleben gerade in den USA, wie die Wirtschaft über steigende Leitzinsen ausgebremst wird. Soll damit Trumps Wiederwahl vereitelt werden? Soll der falsche Eindruck erweckt werden, Trumps Zollpolitik habe die Wirtschaft ruiniert? Ich jedenfalls traue der anonymen, im Hintergrund agierenden Kapitallobby jegliche Bosheit zu. Der nette US-Präsident Obama wurde durch die Fed (US-Notenbank) gestützt, Trump darf ein derartiges Wohlwollen nicht erwarten.

Um nicht missverstanden zu werden: Ich bin ein absoluter Gegner der Billiggeldschwemme, ich halte sie für kriminell und meine, man müsste schnellstens von dieser üblen Droge herunterkommen. Auffällig scheint mir nur, dass die Fed in den USA so stark vorprescht, während die EZB kaum reagiert und damit die kapitalfreundlichen (zollfeindlichen) Regierungen des Euroraums verschont.

Es darf nicht die Aufgabe der Notenbanken sein, unliebsame Regierungen über Zinsanhebungen zu stürzen bzw. genehme (gehorsame) Regierungen über eine Geldflutung zu stützen. Wobei sich die Banker immer neutral und unschuldig geben können. Indem sie beteuern, es diene alles nur der Geldstabilität. Wer wird ihnen jemals das Gegenteil beweisen können?

Warum stoppen unsere Regierungen die Monopolisierung nicht?

Der brutale Vernichtungswettbewerb tobt, Konzerne werden immer mächtiger. Warum stoppen die Regierungen den unseligen Monopolisierungstrend nicht? Es wäre doch so einfach!

Was veranlasst westliche Regierungen, die sich doch so gerne als Gralshüter der Menschenrechte aufspielen, die Oligopol- und Monopolbildung so massiv voranzutreiben? Warum müssen Großkonzerne in der Gesetzgebung einseitig bevorzugt werden? Was verspricht man sich davon? Ist man derart verblendet von der Unentbehrlichkeit bzw. vom Glanz der Giganten? Pflegt man nur Kontakte mit den Großkopferten und Mächtigen dieser Welt? Verspricht man sich am Ende von den Megabossen nette Parteispenden oder Aufsichtsratsposten?

Warum gibt es den Monopolisierungstrend?

Wo man auch hinschaut sind Großunternehmen im Vorteil. Sie können zum Beispiel dank ihrer Marktmacht bessere Einkaufskonditionen aushandeln und im Handelsbereich sogar Werbekostenzuschüsse und Regalmieten einfordern. Sie können sich die besten Juristen und Steuerexperten leisten und Experten beschäftigen, die wie am Fließband Subventionstöpfe anzapfen. Sie können ihre Gewinne in Länder verlagern, in denen kaum Steuern anfallen. Sie können sich Spezialisten leisten, die sich um die ausufernden bürokratischen und gesetzlichen Anforderungen kümmern. Sie können im großen (preisgünstigeren) Stil überregionale Werbung und teures Marketing betreiben, ein Heer von Lobbyisten beschäftigen usw.

Ist es das Ziel der hohen Politik, dass es am Ende nur noch internationale Megakonzerne wie zum Beispiel Amazon gibt? Die hierzulande kaum Steuern zahlen und ein perfektes System ausgeklügelt haben, das Letzte aus ihren dürftig bezahlten Mitarbeitern herauszuholen?

Wenn dem so ist, dann haben die Politiker der ehemals prosperierenden westlichen Industrienationen in den vergangenen vier Jahrzehnten ganze Arbeit geleistet und alles richtig gemacht.

Wie könnte die Dominanz der Konzerne eingeschränkt und der Monopolisierungstrend umgekehrt werden?

Es ist doch wirklich einfach! Unsere Gesetzgeber bräuchten nur an einigen klitzekleinen Stellschrauben drehen, um den Wettbewerb gerechter zu gestalten. Was den Handel betrifft, könnte zum Beispiel eine gestaffelte Filialsteuer helfen. Nach folgendem Prinzip: Wer ein Netz von mehr als zehn Filialen (einschließlich Franchisepartnern) unterhält, zahlt dann zum Beispiel ein Prozent vom Umsatz an Filialsteuern, ab 50 Filialen dann vielleicht zwei Prozent, aber 200 Filialen drei Prozent und ab 1000 Filialen vier Porzent. Somit hätten dann auch kleinere, inhabergeführte Geschäfte (womöglich sogar auf dem Lande) wieder eine faire Überlebenschance.

Um die so überaus beliebte Steuerflucht einzudämmen, könnten Unternehmen, die in Deutschland mehr als 50 Millionen Euro umsetzen, eine vierprozentige Mindestertragssteuer auferlegt werden. Denn große Firmen, die selten bis nie vernünftige Gewinne erwirtschaften, haben im Kapitalismus nichts verloren. Sie sind eine Art Zombies, ein Krebsgeschwür der Marktwirtschaft, das den ohnehin schon brutalen Vernichtungswettbewerb weiter anheizt und viele seriöse, steuerzahlende Firmen zur Aufgabe zwingt.

Nur der Ordnung halber möchte ich nochmals darauf hinweisen, dass zusätzliche Filial- oder Mindestertragssteuern nicht zur allgemeinen Verteuerung beitragen. Denn die zusätzlichen Staatseinahmen ermöglichen eine sinnvolle Entlastung an anderer Stelle (zum Beispiel Senkung der arbeitsbelastenden Lohnsteuern oder Krankenkassenbeiträge).

Vorsicht vor staatlich geförderten Renten- und Pensionsfonds!

Auch in Deutschland ist, wenn es um die Altersvorsorge geht, immer wieder von einem zweiten Standbein die Rede. Die Bevölkerung wird aufgerufen, angesichts der in den letzten zwei Jahrzehnten merklich abgesenkten Rentenansprüche des beitragsfinanzierten Generationenvertrages zusätzlich privat fürs Alter vorzusorgen. Dabei werden auch die norwegischen und schwedischen Modelle einer über Aktienfonds finanzierten Staatsrente als Vorbild gepriesen. Ich kann nur mit Nachdruck vor solchen Ansinnen warnen. Aus dreierlei Gründen:

1. Rentenbeiträge, die in Anlagefonds landen, entziehen dem Wirtschaftskreislauf ein Gutteil der allgemeinen Kaufkraft. Sie wirken also konjunkturhemmend und stören das marktwirtschaftliche Gleichgewicht. Das ist schon einmal äußerst negativ zu beurteilen.

2. Renten- und Pensionsfonds treiben die globale Spekulation an. Darunter leidet die gesamte Weltwirtschaft.

3. Das schwerwiegendste Übel: Die Existenz mächtiger Pensionsfonds beeinflusst im erheblichen Maße die Politik! Um die Altersicherung nicht zu gefährden und um die Stimmung im Lande nicht einzutrüben, sind Regierungen instinktiv bemüht, die Börsen (und damit die Aktienkonzerne) zu pushen. Daraus ergibt sich ein verhängnisvoller Kreislauf der Abhängigkeiten. Immer neue konzernfreundliche Gesetze werden verabschiedet, worunter das private klein- und mittelständische Unternehmertum leidet. Das Resultat ist am Ende eine menschenfeindliche Politik, wie wir sie seit Jahrzehnten weltweit beobachten können.

Abgesehen davon ist es längst nicht ausgemacht, dass Aktienfonds langfristig (also über Jahrzehnte) eine gute Performance hinlegen. Würden Regierungen konsequent neutral urteilen und handeln, wären Aktien nicht stärker als die realen westlichen Lohneinkommen gestiegen. So gesehen kann es auch jederzeit zu einer Umkehr an den Börsen kommen (zu einer Normalisierung). In einem solchen Fall könnten die Kurse in den nächsten 30 Jahren um 70 % absacken (es gibt keine Anlageform, die wirklich sicher ist). Man bedenke: Auch den Kurssturz bei den Energiekonzernen und Großbanken in Deutschland sehe ich als Folge politischer Entscheidungen (Energiewende bzw. Billiggeldschwemme). Die Staaten manipulieren quasi die Kurse (weltweit). Und das ist nicht gut. Das muss aufhören!

Die ungleiche Behandlung von Arbeit und Kapital

Während die Arbeit durch die Sozialversicherungsbeiträge und Steuern künstlich verteuert wird, beschreitet man auf der Kapitalseite genau den umgekehrten Weg: Investitionen werden durch Zuschüsse aus unterschiedlichen Subventionstöpfen künstlich verbilligt. Das Resultat kann niemanden überraschen: Die einseitig belastete Arbeit wird häufig völlig sinnlos wegrationalisiert (durch Maschinen ersetzt, die bei ordentlicher Kalkulation gar nicht rentabel wären). Die weitere Folge: Das künstlich erzeugte Überangebot an Arbeitskräften sorgt für sinkende Reallöhne, während im Gegenzug Kapitalrenditen überproportional ansteigen.

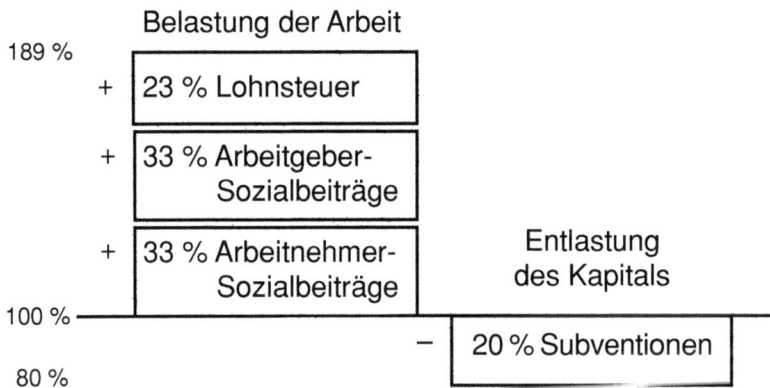

Berechnungsgrundlage:
Lohnkosten: 100 Euro Bruttolohn, abzüglich 21 Euro Sozialversicherung Arbeitnehmeranteil und 15 Euro Lohnsteuern, das ergibt einen Nettolohn von 64 Euro. Bei 64 Euro netto bedeuten 21 Euro Arbeitnehmeranteil zur Sozialversicherung 33 % Kostenaufschlag, die Arbeitgeberanteile ebenfalls 33 % und die 15 Euro Steuern entsprächen 23 % Aufschlag.
Kapitalkosten: Die Investitions-Zuschüsse für Maschinen sind natürlich unterschiedlich, es konnte nur ein geschätzter Durchschnittswert angegeben werden. Es gibt unzählige Förderungstöpfe auf Kommunal-, Landes-, Bundes- und EU-Ebene.
Fazit: Bei einem Kostenaufwand von 121 Euro verbleiben beim Arbeitnehmer nur etwa 64 Euro, während bei Investitionen genau umgekehrt verfahren wird (aus 80 Euro Einsatz werden 100 Euro). Insgesamt wird die Arbeit vom Gesetzgeber also um über 100 % schlechter gestellt als Investitionskapital.

Vergangenheitsbewältigung: „Wir müssen aus der Geschichte lernen..."

Die selbstgefälligen Mahner unserer Gesellschaft beanspruchen die Deutungshoheit für sich und meinen, die tragische deutsche Geschichte für ihre Hetze missbrauchen zu können. Natürlich muss man aus der Geschichte lernen! Doch mit dieser Binsenweisheit braucht niemand hausieren zu gehen, sie versteht sich von selbst. Vor allem bringt der undifferenzierte Appell der vielen Neunmalklugen rein gar nichts. Als penetrante Verfechter einer nie endenden Kollektivschuld reduzieren sie die deutsche Geschichte auf zwölfeinhalb Jahre Nazidiktatur und begreifen anscheinend gar nicht, was damals geschehen ist. Wenn wir also tatsächlich etwas aus der Geschichte lernen sollen, dann geht es doch wohl zunächst um folgende grundsätzliche Erkenntnisse:

1. Ein unerfüllbares Friedensdiktat schafft keinen Frieden!
Der Versailler Vertrag war reinste Siegerjustiz und zielte auf die Vernichtung Deutschlands. Die weitreichenden Gebietsabtretungen waren Provokation und Unrecht zugleich, ebenso die einseitigen Schuldzuweisungen am Ausbruch des 1. Weltkrieges. Die hohen Reparationszahlungen konnten niemals geleistet werden und führten in den Nachkriegsjahren mehrfach zum gesellschaftlichen Zusammenbruch (Hungersnöte nach dem Krieg, die Hyperinflation bis 1923 (die die Bevölkerung weitgehend enteignete), der wirtschaftliche Kollaps nach der Weltwirtschaftskrise ab Oktober 1929 mit anschließender Massenarbeitslosigkeit und Verelendung der Bevölkerung bis 1933.

2. Die Vereinnahmung Oberschlesiens war völkerrechtswidrig.
Polen, das zuvor auf der Landkarte schon lange nicht mehr existierte (und deshalb am 1. Weltkrieg auch nicht beteiligt war), wurde auf Grundlage der deutschen Gebietsabtretungen neu aus der Taufe gehoben.
    Doch anstatt dankbar zu sein über diese glückliche Fügung (Polen was der einzige echte Profiteur des Versailler Vertrages), forderten polnische Nationalisten das Schicksal weiter heraus durch die völkerrechtswidrige Vereinnahmung des oberschlesischen Industriegebietes. Durchaus verständlich, dass diese Inbesitznahme die rechtsnationalen Kräfte in Deutschland stärkte und mobilisierte. Man lerne: Unrechtmäßige Gebietsvereinnahmungen wirken wahrlich nicht friedensstiftend. Hätten die in der Verantwortung stehenden Siegermächte des 1. Weltkrie-

ges die Verletzung des Versailler Vertrages durch Polen nicht zugelassen, wäre Hitler vermutlich nie an die Macht gekommen.

3. Die Besetzung des Ruhrgebietes war ein großer Fehler!

Wie führt man ein Volk in den Ruin, wie schürt man Hass bis zur Verzweiflung? Wegen ausbleibender Reparationszahlungen besetzte Frankreich 1923 die industrielle Basis Deutschlands, das Ruhrgebiet. Sie schuf mit dieser militärischen Großoffensive eine Art abgeschirmtes Ghetto im Herzen Deutschlands – mit verheerenden Folgen für das gesamte Land (Streiks, Hyperinflation). Lasst uns aus der Geschichte lernen! Strafaktionen, die den Revanchismus geradezu herausfordern. legen die Saat für sich volksnah gebende extremistische Parteien links und rechts (Kommunisten und Nationalisten).

4. Die Verelendung der Massen führt zur Aufruhr!

Schaffen die regierenden Parteien der Mitte es jahrelang nicht, die Bevölkerung mit dem Notwendigsten zu versorgen, sucht der hungernde und frierende Bevölkerungsteil schließlich sein Heil bei denen, die mit einem einleuchtenden wirtschaftspolitischen Programm überzeugen können. Einer Partei, die zum einzigen großen Hoffnungsträger für das Land und das eigene Überleben wird, verzeiht der verzweifelte Notleidende sogar eine verbale Hetze gegen das Establishment, gegen Minderheiten, gegen Juden und Kommunisten. Eine Hetze, die er im Normalfall nicht dulden würde.

5. Professionellen Aufwieglern ist nicht zu trauen!

Vor der Machtergreifung Hitlers wurden Juden und Kommunisten von den Ultranazis diffamiert und gejagt. Heute sind die großen Feindbilder die AfD und deren Wähler. Denen werden alle möglichen Schwächen und Abartigkeiten unterstellt (Inkompetenz, Demokratiefeindlichkeit, Antisemitismus, Rassismus).

Was lernen wir aus der Geschichte? Wer Andersdenkende in unverschämter Manier verleumdet, der handelt nicht nur unfair, er missachtet auch die urdemokratischen Grundregeln. Denn die Demokratie lebt schließlich vom Widerspruch. Eine weitgehend gleichgeschaltete Meinung in allen gesellschaftspolitischen Kernfragen kann nicht das Ziel einer aufgeklärten, liberalen Demokratie sein.

6. So funktioniert Gehirnwäsche!

Die Nazis waren Meister der Gehirnwäsche. Sie wussten, wie man Menschenmassen aufwiegelt, wie man Aufmärsche und Gegenproteste organisiert und Märchen solange verbreitet, bis sie von weiten Teilen der Bevölkerung als Wahrheit empfunden werden.

Und heute: Viele Demagogen bedienen sich auch heute noch gehirnwäscheartiger Praktiken. Indem sie zum Beispiel unbeirrt den Fachkräftemangel beklagen und die Agenda 2010, den Euro, die EU oder den globalen Lohndumpingwettbewerb als großen Erfolg feiern. Die Irreführung der Bevölkerung gehört auch im Medienzeitalter zum politischen Alltag und entscheidet letztlich über den Ausgang der Wahlen.

Hat man also in puncto Gehirnwäsche etwas aus der Geschichte gelernt? Diejenigen, die sie unverblümt anwenden, sicherlich. Die Medienkonsumenten aber zum großen Teil leider nicht.

7. Die Schaffung paramilitärischer Organisationen hätte die Weimarer Demokratie niemals dulden dürfen!

Bereits vor der Machtergreifung am 30. 1. 1933 war Hitlers berüchtigte SA (Sturmabteilung) auf eine Stärke von 300.000 Mann angewachsen. Mit Hilfe der SA, der angeblichen „Hilfspolizei", wurden politische Gegner und weite Teile der aufrechten Bevölkerung massiv bedrängt. Die SA, die offiziell „für Ordnung" sorgen sollte, diente in Wahrheit der Unterdrückung. Sie war eine mächtige, nazieigene Kampforganisation, die durch ihre Schlägertrupps unliebsame Personen zum Schweigen brachte und den politischen Gegner einschüchterte.

Die 1921 gegründete SA wurde nach einiger Zeit verboten, 1925 aber wieder zugelassen. 1925 gründeten die Nazis sogar noch eine zweite paramilitärische Organisation, die SS (Schutzstaffel).

Wie konnte das geschehen? Wer war dafür verantwortlich? Warum haben die regierenden Parteien der Mitte das zugelassen? Der Aufbau der SA war vermutlich der erste und wichtigste Schritt in Bezug auf Hitlers Machtergreifung.

8. Der aufgezwungene Antisemitismus ab 1933 war beschämend.

In einer perfekt durchorganisierten Gewaltdiktatur gilt nur noch das Prinzip Befehl und Gehorsam. Denn wahre Helden sind rar. Schon vor dem Beginn des 2. Weltkrieges galt: „Bloß nicht dumm auffallen, bloß nicht sagen, was man wirklich denkt.". Denn Widersacher hatten mit schweren Repressalien zu rechnen (Internierungen, brutale Verhöre, Verlust des Arbeitsplatzes).

Der Mutige riskierte nicht nur seine eigene Existenz, sondern auch die seiner Familie. Nur so ist zu erklären, wieso die Entrechtung und

Drangsalierung der jüdischen Minderheit (1935 gab es in Deutschland etwa 500.000 Juden bei einer Gesamtbevölkerungszahl von 65 Millionen), keinen allgemeinen Aufruhr verursachte. Die ständige Verunglimpfung der Juden in der gleichgeschalteten Presse, im Rundfunk und in Spielfilmen verfing meist aber nur bei hundertprozentigen Nazis und naiven, ungebildeten Gemütern. Aber was lässt sich daraus ableiten? Etwa dass alle Deutschen böse Menschen waren? Dass sie feige waren? Oder ist es einfach so, dass in einer Gewaltdiktatur nahezu alles durchsetzbar ist, auch das abscheulichste Verbrechen?

9. Die Appeasement-Politik gegenüber Hitler war falsch!
Hinterher ist man natürlich immer schlauer. Aber auch im Jahr 1937 hätten die Alliierten und vor allem Großbritannien erkennen müssen, dass ein ewiges Nachgeben die absolut falsche Strategie gegenüber dem Machtmenschen Hitler war. Denn die Erpressungserfolge stachelten den mit dem Frieden pokernden Diktator geradezu an, sich neue Forderungen auszuhecken (Vereinnahmung des Sudetenlandes, Besetzung der Tschechoslowakei, der erzwungene Anschluss Österreichs). Warum hat man damals keine scharfen Handelsbeschränkungen gegen Deutschland verhängt? Ich verstehe es nicht! Immerhin reagiert man heute anders. Man hat also dazugelernt.

10. Die Kriegserklärung an Deutschland war voreilig!
Rechtfertigt die Beseitigung eines irren Diktators den Tod von 50 Millionen Menschen? Brachte der 2. Weltkrieg zumindest ein vernünftiges Ergebnis, wurde also Polen befreit?

Das Unrecht fing schon damit an, dass nach dem Einmarsch deutscher und sowjetischer Truppen in Polen lediglich Deutschland der Krieg erklärt wurde. Die stalinistische Sowjetunion ließ man gewähren, man verbündete sich später sogar mit ihr und gestattete ihr nach Kriegsende die Unterdrückung Osteuropas.

Was also lernen wir daraus? Vorschnelle Kriegserklärungen sind auch gegenüber einer Schreckensdiktatur nicht immer angeraten. Ein totales Embargo, eine intensive Volksaufklärung von außen über ausländische Rundfunksender (innerhalb Deutschland gab es ja nur die gehirnwäscheartige Staatspropaganda) hätte früher oder später das Naziregime zur Vernunft oder zu Fall gebracht.

11. Die Siegermächte haben aus den Fehlern gelernt.
Nach dem 2. Weltkrieg haben die Siegermächte aus ihren einstigen Feh-

lern gelernt. Sie verzichteten auf unerfüllbare Reparationszahlungen und haben damit dem geteilten Deutschland die Chance gegeben, sich zu regenerieren und einen funktionsfähigen, demokratischen Rechtsstaat aufzubauen.

12. Wer sind die Täter, wer die Opfer?

Dass die Juden eindeutig Opfer waren, darüber besteht kein Zweifel. Aber es sind ja durch den 2. Weltkrieg nicht nur 5-6 Millionen Juden umgekommen, sondern auch 20-25 Millionen Russen, 10 Millionen Deutsche, 3 Millionen nichtjüdische Polen usw. Insgesamt gab es etwa 50 Millionen Tote.

Und nun die Frage: Sind die Zigmillionen meist jungen Soldaten, die unfreiwillig an die Front beordert wurden, etwa keine Opfer? Selbst wenn sie den Krieg überlebt haben sollten und als Krüppel oder Traumatisierte, oft nach jahrelanger Kriegsgefangenschaft, nach Hause zurückkehren konnten? Und waren die zivilen Bevölkerungen, die zum Teil in den Bombennächten oder auf der Flucht umkamen, die in den Fabriken Zwangsarbeit leisten und hungern mussten, ausgebombt wurden und in ständiger Angst lebten – waren diese bedauernswerten Geschöpfe keine Opfer?

Unerträgliches Leid gab es europaweit, war allgegenwärtig. Den blutjungen Soldaten, die an die Front mussten, täglich um ihr Leben bangend, täglich mitansehend, wie ihre Kameraden von Granaten zerfetzt wurden, täglich die Sinnlosigkeit des Krieges verinnerlichend – ging es diesen armen Kreaturen soviel besser als denen in den KZs oder denen, die den Massenerschießungen zum Opfer fielen?

Ich glaube nicht. Wer möchte da den Richter spielen? Wer wirklich aus der Geschichte lernen will, macht es sich zu einfach, die Menschen in Gut und Böse einzuteilen. „Die Deutschen waren die Täter, alle anderen die Opfer!" – diese Sichtweise ist zu banal, sie wird der Tragik der Geschichte nicht gerecht. Wenn ich in den Medien immer wieder von „Deutschland, dem Land der Täter" lese und höre, kann ich nur den Kopf schütteln über so viel Unverständnis, so viel Dummheit und Hass.

Was kann, was muss man aus der Geschichte lernen?

Viele Selbstgerechte glauben, sich genau das herauspicken zu können, was ihnen argumentativ gelegen kommt. So als wäre die deutsche Geschichte ein Selbstbedienungsladen. Wer sich mit solchen Moralaposteln auseinandersetzt merkt oft schnell, wie dürftig das Hintergrundwissen dieser Leute ist.

Die Inflationierung und Vergewaltigung der Menschenrechte ...

Was sind das eigentlich für Menschen, die sich immer wieder als Hüter der Menschenrechte aufspielen? Wer sind die Berufenen, die glauben, Durchschnittsverdiener, Niedriglöhner, Arbeitslose und Rentner missionieren zu müssen? Die versuchen, ihnen ihre selbstgefällige Moral aufzuzwingen?

Momentan ist es der UN-Migrationspakt, der weltweit ein neues Anspruchsdenken schüren soll. Aber wieso eigentlich muss die Migration zum allgemeingültigen Menschenrecht verklärt werden? Wer bestimmt so etwas? Soll es etwa zur Selbstverständlichkeit gehören, dass jeder Erdenmensch sich das Land seiner Träume wie aus einem Katalog aussuchen darf? Müssen die wenigen vermeintlich reichen Sozialstaaten den Notleidenden aus Afrika, Asien und Südamerika frei zur Verfügung stehen?

Ich meine, das kann es doch wohl nicht sein! Wo soll das enden? Werden hier nicht wieder einmal falsche Hoffnungen und Verlangen geweckt? Humanität in allen Ehren. Aber alles hat seine Grenzen, auch territoriale. Man kann nicht am Anfang des 21. Jahrhunderts alle Grundwerte so einfach auf den Kopf stellen. Einfach so tun, als gäbe es keine Staatsgrenzen und Nationalstaaten mehr.

Rom wurde auch nicht an einem Tag erbaut – und Europa schon gar nicht. Was begründet den heutigen Wohlstand mancher Industriestaaten. Glückliche Fügungen, das Schicksal und die Gnade Gottes? Oder gar die Ausbeutung anderer Völker?

Es waren doch wohl eher die entbehrungsreichen Leistungen unserer Vorfahren, die Europa zu dem gemacht haben, was es heute ist. Es waren Vorfahren, die sich ihre Bürgerrechte erkämpften und keine Scheu hatten vor dem Wandel, vor steten Fortentwicklungen, vor Risiken und einem immens hohen Arbeitspensum. Menschen, die noch Ende des 19. Jahrhunderts sich auf dem Felde, in den trostlosen Fabriken und unter Tage in einer 70-Stunden-Woche zu Tode gerackert haben. Und Menschen, die ihr Leben von morgens bis abends der Wissenschaft und Forschung geopfert haben.

Die genialen Erfindungen der Vergangenheit und Neuzeit waren Resultate ungeheurer Kraftanstrengungen, die von der breiten Bevölkerung über Bildungseinrichtungen, harte Arbeit, Steuern und Abgaben getragen wurden. Dass diese Errungenschaften des menschlichen Geistes heute der ganzen Welt weitgehend unentgeltlich zur Verfügung stehen (Patente gelten ja höchstens für 30 Jahre), sollte alle mehr als froh stimmen. Der über Jahrhunderte und Jahrtausende gesammelte Fortschritt der Weltgeschichte ist mit Gold gar nicht aufzuwiegen.

Fluchtursachen bekämpfen ...

Ja, das sagt sich so leicht. Was aber bedeutet das letztlich? Ist es jetzt die Aufgabe westlicher Industrienationen, alle korrupten Regimes mit Waffengewalt zu stürzen, um dort rechtsstaatliche, funktionsfähige Verwaltungen, Infrastrukturen und Volkswirtschaften aufzubauen?

Eine solch meist ungebetene Einmischung und Bevormundung würde sicher weiteren Unfrieden stiften, zu noch mehr Kriegen führen und die heimische Bevölkerung weiter demütigen und gegen den Westen aufbringen. Eine von außen aufgezwungene Reformierung wurde schon zu Zeiten der Kolonialisierung als Unterdrückung empfunden, selbst wenn gute Absichten dahintersteckten.

Man kann die afrikanischen Eingeborenen damaliger Zeit durchaus verstehen: Ihr Lebensstil und ihre Tradition waren so völlig anders als in der vermeintlich zivilisierten Welt. Ihr Arbeitsmodus war weit weniger stressig und anstrengend als in den jungen Industriestaaten, sie brauchten nicht in eine züchtigende Schule gehen, konnten den lieben langen Tag in der Natur verbringen, ihren Lebensunterhalt durch Viehzucht verdienen und durften sogar Wild jagen. Sie genossen Rechte, die im alten Europa höchstens dem König oder dem Adel vorbehalten waren. Kein Wunder also, wenn sich die Naturvölker dereinst gegen die Kolonialmächte auflehnten. Aber aus heutiger Sicht hat sich der Kampf gegen die Besatzer und die damit verbundene Fortschrittsverweigerung nicht unbedingt ausgezahlt.

Können langwährige Entwicklungsstufen
so einfach übersprungen werden?

Derweil meinen Hüter der Menschenrechte, der übliche mühsame Aufstieg zur modernen Gesellschaft sei vielen Entwicklungsländern nicht zuzumuten. Sie meinen, die sich unkontrolliert vermehrenden Unzufriedenen in den Armutsregionen hätten ein Anrecht auf den westlichen Lebensstandard und auf Migration.

Sie meinen es, obwohl sie doch wissen müssten, dass Völkerwanderungen keine Lösung darstellen. Wie sollen unterentwickelte Staaten vorankommen, wenn deren Eliten und Kritiker das Weite suchen und ihr Land im Stich lassen? Damit würde dann jeglicher Reformdruck erstickt. Und ohne echten Reformdruck bleibt alles beim Alten, gibt es keinen anspornenden Fortschritt, können Despoten weiter ihre Macht missbrauchen.

Und was wird letztlich aus den überlaufenen Sozialstaaten?
In Deutschland haben bereits 20 Millionen Menschen einen Migrations- hintergrund, obwohl die Enkel einstiger Einwanderer bei dieser Auf- rechnung gar nicht mehr mitgezählt werden.

Was glauben unsere edlen Menschenrechtsverkünder, der hiesigen Urbevölkerung noch alles zumuten zu können? Einer Bevölkerung, die sich seit 40 Jahren mit sinkenden Reallöhnen und Renten abfinden muss, deren tatsächliche Arbeitslosenzahlen und prekäre Beschäftigungsver- hältnisse ins Gigantische gestiegen sind und die schon jetzt (auch im Hinblick der auf uns zurollenden *Digitalisierung, Seite 47*) allergrößte Zukunftssorgen plagen?

Beobachten Sie einmal, wer in den Medien die weitere Zuwanderung proklamiert, Deutschland unbedingt zum Einwanderungsland machen und auch den UN-Migrationspakt unterzeichnen will. Befinden sich unter diesen lautstarken Proklamateuren der „Menschlichkeit" gewöhn- liche Niedrig- und Durchschnittsverdiener? Wer über ein üppiges Ver- mögen verfügt oder zu den Besser- und Großverdienern zählt (wie z. B. prominente Politiker, Künstler, Intellektuelle, Wirtschaftsbosse), der hat gut reden. Der muss selten um seinen Arbeitsplatz bangen und Angst haben, sein Häuschen zu verlieren oder in die Schuldenfalle zu geraten. Darf man solchen Privilegierten die Deutungshoheit überlassen, auch bezüglich der Menschenrechte und Asylgesetze?

Was, wenn die Stimmung im Lande kippt und viele Erwerbsfähige darauf verzichten, noch einer geregelten Arbeit nachzugehen? Weil es sich einfach nicht mehr lohnt! Weil durch die stetig steigenden Abgaben Hartz-IV-Familien (mit oder ohne Migrationshintergrund) oftmals fi- nanziell besser gestellt sind als schnöde Durchschnittsverdiener. Das ist genau das, was ich befürchte und worauf wir sehenden Auges zu- steuern.

Was geschieht, wenn das ganze Sozialsystem kollabiert? Auch weil die trügerische Billiggeldschwemme nicht ewig aufrecht erhalten wer- den kann (und damit die Zinsaufwendungen des Staates in die Höhe schießen). Dann muss hektisch umgesteuert, müssen Sozialkürzungen vorgenommen und ein echtes Lohnabstandsgebot geschaffen werden.

Das derzeitige Lohnabstandsgebot steht ja nur auf dem Papier und greift in der Praxis nicht. Spätestens nach einer sich ausbreitenden Leistungsverweigerung wird man bestehende Migrationsrechte, Einwanderungs- und Asylgesetze abschaffen oder verschärfen. Aber dann ist alles längst zu spät und es bringt auch nichts mehr, weil die Attraktivität des deutschen Sozialstaates sich eh schon aufgelöst hat. Dann gibt es für Wohlstands-Migranten andere Zielländer.

„Aber es bringt doch gar nichts, wenn Deutschland seine Asylgesetze ändert!"

Wie infam die Meinungsmanipulation funktioniert, erkennt man exemplarisch an den Themen Fachkräftemangel und Asylmissbrauch. Bei letzterem heißt es dann immer wieder, es bringe doch gar nichts, wenn Deutschland seine Asylgesetze ändert, denn es werde doch eh alles vom EU-Asylrecht überlagert. Nach deutschen Recht muss nur denjenigen Asyl gewährt werden, die nicht über ein sicheres Drittland eingereist sind. Demnach dürfte es hierzulande also quasi gar keine Asylbewerber geben (weil alle Nachbarstaaten als sicher gelten).

Das EU-Asylgesetz greift aber viel weitreichender. Es verlangt zunächst einmal die generelle Aufnahme aller eingereisten Asylanten. Und dann muss dieses heimgesuchte EU-Land innerhalb einer kurzen Frist prüfen, ob das Asylbegehren berechtigt ist. Wegen langer Instanzenwege (Folgen der kostenlosen Prozesskostenhilfe) können in Deutschland die Termine selten eingehalten werden. Zumal den „Schutzsuchenden" (welch trügerisches Wort) schwer beizukommen ist, weil sie oft ohne Papiere einreisen, unsere Sprache nicht beherrschen, an den Abschiebeterminen krank oder unauffindbar sind usw. Die Rückführung abgelehnter Asylbewerber ist aus juristischen Gründen also meist gar nicht möglich. Das Dublin-Abkommen erweist sich damit als Bluff, mit dem die Bevölkerung beruhigt (genasführt) wird.

Ich finde es schlimm, wenn angesehene Presseorgane und Fernsehsender diese Tragik verniedlichen und so tun, als gäbe es keinerlei Möglichkeiten, die bestehende Problematik aufzulösen. Viele andere EU-Staaten machen uns doch vor, wie das gehen kann! Selbst der dänische Sozialstaat hat in den letzten drei Jahren an seinem Asylgesetz 60 Änderungen vorgenommen. Und die dänischen Sozialdemokraten wollen jetzt sogar durchsetzen, dass Asylbewerber aus fernen Erdteilen gar nicht erst dänischen Boden betreten.

Als verlogen und hinterhältig empfinde ich auch die über die Medien verbreitete Vorgaukelung, das europäische Asylrecht könne nicht abgeändert oder korrigiert werden. Wo waren diese Meinungsbildner, als es 1996 um die Abfassung des EU-Asylrechts ging? Warum gab es damals keinen Aufschrei, warum hat man weltfremde Humanpolitiker gewähren lassen? Unsere Medien gelten doch als vierte Gewalt und sollen eine Kontrollfunktion ausüben. Warum geschah da nichts?

Wortklauberei: Die Unterscheidung zwischen Migranten, Flüchtlingen und Asylbewerbern

Ehrlich gesagt: Mich nervt es, wenn oberschlaue Besserwisser durch listige Wortklauberei Verwirrung stiften oder sachlichen Debatten ausweichen. Die pingelige Aufspaltung der Begrifflichkeiten halte ich für wenig zielführend. Ist ein Flüchtling etwa kein Migrant? Und was wird aus einem Migranten, wenn er in Deutschland einen Asylantrag stellt? Wie will man das im Voraus alles abschätzen? Wie will man wissen, welchen Weg Migranten einschlagen, wenn sie erst einmal in Deutschland angekommen sind? Liebe Wortakrobaten: Es soll Leute geben, die laufen nicht ständig mit einem juristischen Gebetbuch umher. Es wäre niederträchtig, diese Menschen vorzuführen oder auszutricksen. Der Kampf um die Deutungshoheit ist kein Freibrief für unmoralische Machenschaften (Volksverdummung).

Wer sind die wahren Brunnenvergifter?

Anlass für mein auf dieser Seite abgegebenes Statement war übrigens ein Leitartikel über den UN-Migrationspakt in der „Spiegel"-Ausgabe Heft 48/2018. Ein Leitartikel spiegelt bekanntlich die Meinung der Redaktion wieder, hat also ein besonderes Gewicht. Ich empfand es schon fast gruselig, wie da wieder vom Leder gezogen wurde. Schon in der Unterzeile der Überschrift hieß es, die Angst vor dem Migrationspakt sei unbegründet. Woher weiß man das?

Im Text reihte sich dann eine Behauptung an die andere. Mehr als 190 Uno-Staaten sollen demnach erkannt haben, dass in Sachen Migration eine internationale Zusammenarbeit unerlässlich sei. Mir scheint, das ist eine recht gewagte Auslegung. Denn die wahren Gründe, warum Staaten dem UN-Migrationspakt beitreten, sind weitgehend unbekannt.

Auch dass der Pakt „die Realität der weltweiten Migration anerkennt" ist meines Erachtens eine fragwürdige Interpretation. Denn in allen Bereichen werden heute Gesetze übertreten. Sollen also künftig Steuerbetrug, Diebstahl, Sexualdelikte, Umwelt- oder Verkehrsvergehen legalisiert werden, weil sie zum Alltag (zur Realität) gehören?

Vor allem die Bevölkerungsexplosion ist Schuld am Klimawandel!

Alle reden vom Klimawandel und der Verknappung der Ressourcen. Aber über die Hauptursache dieser Probleme, über die Übervölkerung, wagt kaum jemand offen zu reden. Das muss sich ändern!

Die Weltbevölkerung hat sich in gut 100 Jahren vervierfacht. Heute leben auf der Erde ca. 7,5 Milliarden Menschen, obwohl bezüglich Umwelt und Ressourcen nur drei Milliarden verkraftbar wären – zumindest wenn man den westlichen Lebensstandard als angemessen betrachtet. Armut, Elend, Hunger, Bürgerkriege und Völkerwanderungen sind oft Auswüchse der Übervölkerung. Deshalb geht es nicht an, wenn ein derart zentrales Problem weitgehend tabuisiert wird. Die Folgen der ungezügelten Bevölkerungsexplosion müssen in den Vordergrund rükken, damit sich in allen Kulturen und Religionen ein entsprechendes Verantwortungsbewusstsein aufbaut. Unsere Medien und Politiker dürfen nicht aus falsch verstandener Rücksichtnahme schweigen oder um den heißen Brei herumreden.

Tagtäglich werden die Bundesbürger mit der hässlichen deutschen Vergangenheit *(Seite 70)* konfrontiert und an die Erbsünden ihrer bösen Vorväter erinnert (im ewigen Kampf um das Vergessen) – aber das tausendmal wichtigere Übervölkerungsproblem findet keine Resonanz.

Die 1-Kind-Politik der Chinesen war ein vernünftiger Ansatz!
Wie man die Bevölkerungsexplosion in den Griff bekommen kann, hat China in vielen Jahrzehnten vorexerziert. Das hat nicht unwesentlich zur wirtschaftlichen Entfaltung des Landes beigetragen und diente letztlich dem Wohl der ganzen Menschheit. Ohne diese oft kritisierte 1-Kind-Politik hätte China heute vielleicht statt 1,4 über 2,4 Milliarden Einwohner. Welche Auswirkungen das auf die Umwelt hätte, kann sich jeder leicht ausmalen.

Müsste die Sozialpolitik nicht gegensteuern?
In den 1950er Jahren gelang es den in Deutschland lebenden Eltern, trotz der damals üblichen niedrigen Löhne ihre Kinder ohne jegliche staatliche Hilfe großzuziehen. Das Kindergeld wurde erst 1956 eingeführt, dann gab es zwar für die beiden Erstgeborenen weiterhin nichts, für das dritte und alle weiteren Kinder jedoch jeweils 20 DM im Monat. Wer drei Kinder hatte, erhielt also insgesamt 20 DM. Das war auch

damals nicht sonderlich viel, denn ein kleiner Röhren-Schwarzweißfernseher kostete seinerzeit auch schon 800,- DM, ein Paar Kinderschuhe 30,- DM und eine Tafel Schokolade 1,- DM.

Inzwischen hat sich die Sozialpolitik völlig umgestellt. Während den Rentnern die Bezüge in den letzten 25 Jahren deutlich gekürzt wurden, zeigte sich der Staat beim Kindergeld zunehmend spendabler. Bevölkerungs- und umweltpolitisch ist diese Umsteuerung aber gar nicht so sozial und fortschrittlich, wie es zunächst den Anschein hat. Setzt man da nicht falsche Anreize? Wäre es nicht verantwortungsvoller, angesichts der globalen Bevölkerungsexplosion das Kindergeld ab dem dritten Kind abzusenken? Und müssen Zuwanderern und Flüchtlingen unbedingt auch alle deutschen Sozialleistungen in voller Höhe zugestanden werden? Provoziert diese Großzügigkeit nicht geradezu unabsehbare Völkerwanderungen? Kann man kinderreichen Armutsflüchtlingen den Drang nach Deutschland verdenken, wo sie doch in ihrem Heimatland kein oder nur ein minimales Kindergeld erhalten?

Die drohende Klimakatastrophe ist nur zu verhindern, wenn die Menschheit verantwortungsbewusst handelt. Und zu dieser Verantwortung zählt meines Erachtens vor allem die Eindämmung des Bevölkerungswachstums. Das Problem wird nicht dadurch gelöst, dass Menschen, die aufgrund der hohen Geburtenraten in ihrem Heimatland kein Auskommen mehr haben, in den deutschen Sozialstaat einwandern dürfen. Wie ehrlich sind in diesem zentralen Punkt eigentlich die Grünen? Sie sind schnell dabei, wenn es darum geht, in Deutschland Umweltschutzmaßnahmen einzufordern, die den hiesigen Strompreis in die Höhe treiben. Aber um das zentrale Thema des ungezügelten Bevölkerungszustroms bzw. -wachstums drücken sie sich.

Den Konsumrausch nicht weiter anheizen!

Der Staat könnte auch einiges tun, um die allgemeine Konsum- und Verschwendungssucht ein wenig einzudämmen. Er könnte zum Beispiel Ausgaben für Werbung höher besteuern (und mit den Einnahmen die GEZ-Gebühr finanzieren), er könnte nervtötende, aufdringliche Werbung im Internet untersagen, er könnte über seine staatlichen Sender ein Umdenken bezüglich einiger Lebensgewohnheiten anregen. Nach der Devise: Weniger Stress, weniger Arbeit, weniger Wegwerfgesellschaft – dafür aber mehr Freizeit, mehr Lebensqualität. Dass wir trotz aller sagenhaften produktiven Fortschritte und zunehmender Leistungsverdichtung (Personalabbau) seit 50 Jahren in Deutschland an der 40-Stunden-Woche stur festhalten, ist doch eigentlich ein Unding.

Verkommt der Rechtsstaat zur Lachnummer?

Funktioniert unser Rechtsstaat noch? Man könnte ernsthaft daran zweifeln! Denkt man zum Beispiel an die zaghaften bzw. erfolglosen Abschiebebemühungen abgelehnter Asylbewerber, wähnt man sich eher in einer Bananenrepublik als in einem Rechtsstaat.

Haben Sie noch großes Vertrauen in unsere Rechtsstaatlichkeit? Deutschland gelingt es ja nicht einmal, potentielle Terroristen und ausländische Schwerstkriminelle abzuschieben. Hunderttausende abgelehnte Asylbewerber machen Deutschland immer wieder zum Gespött der Weltöffentlichkeit, weil sie unserer Justiz mit einfachsten Mitteln auf der Nase herumtanzen können.

Oft genügt es bereits, kurz vor Ablauf der Abschiebefrist für einige Tage unterzutauchen oder eine Krankheit vorzutäuschen. Oder man nutzt vorübergehend das Kirchenasyl. Denn ist erst einmal das dreimonatige Zeitfenster verstrichen, sind die Behörden machtlos. Dann dürfen Asylanten nicht einmal mehr ins Erstaufnahmeland zurückgeschickt werden. Dann haben viele von ihnen quasi das Recht, auf Lebenszeit mitsamt ihrer Großfamilie vom deutschen Sozialstaat üppig versorgt und ausgehalten zu werden. Das ist besonders segensreich für Flüchtlinge, die mit schwerstbehinderten oder älteren Familienangehörigen zu uns kommen. Ermöglicht wird diese Perversion unseres Rechtssystems durch die lasche, ultraliberale (naive) Rechtsauslegung unseres Grundgesetzes. Das Grundgesetz wurde zwar in den letzten 70 Jahren schon einige Dutzend mal geändert, aber wie mir scheint meistens zu seinem Nachteil. Die Bürgerrechte wurden vermeintlich gestärkt, der vordergründige Humanismus ausgeweitet und den vom Sozialstaat lebenden Menschen (auch den Zugereisten) ein „Existenzminimum" zugestanden, von dem Normalhaushalte im Ausland nicht einmal zu träumen wagen.

Unser Sozialstaat steht jetzt ständig in der Pflicht, die Finanzierbarkeit braucht die Verfassungsrichter (die das Grundgesetz interpretieren dürfen) kaum zu interessieren. Das geht inzwischen soweit, dass es erwerbstätigen Familien in Deutschland häufig schlechter geht als vergleichbaren Hartz-IV-Familien. Ich halte, das gebe ich offen zu, diese Entwicklung für pervers. Denn sie ist ja nur scheinbar sozial, human und bürgerfreundlich. In Wahrheit stellt sie alle Regeln des Anstandes und der Vernunft auf den Kopf! Denn das Geld für die üppige Sozialversorgung muss ja irgendwo herkommen. Am Ende ist es doch so, dass

Gering- und Normalverdiener bis zur Schmerzgrenze über Lohnsteuern und Sozialabgaben geschröpft werden, um die vermeintlich sozialen Wahlversprechen bezahlen und einlösen zu können. Ich als Rentner muss zum Beispiel jährlich 9000 Euro für die gesetzliche Kranken- und Pflegeversicherung aufbringen (bei meinem Vater war unter ähnlichen Umständen vor 25 Jahren noch alles beitragsfrei).

Nicht einmal das Mindestlohngesetz wird eingehalten.
Unsere Politiker haben die Gesetze so gestaltet, dass Konzerne nach Herzenslust Lohndumping betreiben können. Es ist zum Beispiel allgemein bekannt, dass Kurierfahrer der Paketdienste oft (wenn nicht gar meistens) deutlich weniger verdienen als der gesetzliche Mindestlohn es vorschreibt – und dass sie Touren aufgezwungen bekommen, die sie in der regulären Arbeitszeit nie und nimmer bewältigen können. Aber durch das verschachtelte Subunternehmertum (wann verbietet man dieses menschenverachtende System endlich), hinter denen sich Konzerne verstecken können, sind der Ausbeutung Tür und Tor geöffnet.

Insofern haben wir in Deutschland längst ein Zweiklassen-Rechtssystem. Da gibt es einmal abgebrühte Klein- und Schwerstkriminelle, Illegale, Terroristen usw. aus dem Ausland, denen kaum beizukommen ist und die unser liberales Rechtssystem genüsslich pervertieren – und auf der anderen Seite eben die Einheimischen, die ihre Prozesskosten selbst zahlen müssen und schon deshalb einen überlangen Instanzenweg in der Regel scheuen (und die auch nicht unter dem Schutz der zahlreichen Menschenrechtsorganisationen und Kirchen stehen).

Deutschland erstickt in seiner Vorschriftenflut!
Im Bestreben, alles perfekt zu machen, allen Bürgerbegehren gerecht zu werden und jede erdenkliche Gefahrenquelle im Vorfeld auszuschließen, nehmen Bauvorschriften und Betriebsgenehmigungen derweil Formen an, die nicht nur unbezahlbar sind, sondern auch (besonders bei Großprojekten), von den besten Expertenteams kaum mehr händelbar sind. Die Folgen sind bekannt: Die Bauzeiten vervielfachen sich, es kommt zu regelrechten Kostenexplosionen.

Das gesunde Verhältnis zum Geld und zum Machbaren ging verloren. Niemand scheint sich Gedanken darüber zu machen, unter welchen Entbehrungen die Steuer- und Beitragsmilliarden von der Bevölkerung aufgebracht werden müssen. Die Vorschriftenflut und Rechtsstaatlichkeit wird für den Normalbürger und die Volkswirtschaft zu einer immer größer werdenden Hypothek.

Wie weit ist das heutige Deutschland von einer Diktatur entfernt?

Im April 1933 setzte Hitler sein berüchtigtes Ermächtigungsgesetz durch, das seiner Regierung ermöglichte, ohne Zustimmung des Reichstages und Reichsrats Gesetze zu verabschieden. Damit war die Demokratie endgültig beseitigt. Und wie ist es heute um unsere Demokratie bestellt? Heute gibt es zwar kein Ermächtigungsgesetz, aber es gibt dafür andere Gestaltungs- und Durchsetzungsmöglichkeiten.

Heute beruft man sich einfach auf das Grundgesetz!
Aber nicht etwa auf konkrete Passagen, sondern schwammig auf den „Geist des Grundgesetzes". Dieser „Geist" ist nicht schlüssig definierbar – dafür ist das Grundgesetz zu komplex und widersprüchlich.

Die endgültige Interpretation des Grundgesetzes übernehmen im Streitfall 16 Verfassungsrichter, die von einem Gremium des Bundestages bzw. des Bundesrates berufen wurden (wobei Parteiinteressen natürlich eine Rolle spielten). Insofern braucht eine Regierung heute in vielen Fällen keine neuen Gesetze beschließen – es genügt, sich einfach auf den Geist des Grundgesetzes zu berufen und energisch zu behaupten, dies sei doch alles ganz eindeutig. So heißt es dann lapidar: „Jeder hat das Recht, in Deutschland Asyl zu beantragen!" oder „Das Grundgesetz kenne keine Obergrenze!". Was im Klartext nichts anderes bedeutet, als dass unser Staat notfalls auch 300 Millionen Flüchtlinge aufnehmen und versorgen muss. Die „eigenen" Verfassungsrichter werden einen bei einer solchen Analyse schon nicht in den Rücken fallen. Falls aber doch, zieht sich die juristische Auseinandersetzung über Jahre hin. Am Ende sind längst unumkehrbare Fakten geschaffen.

Unter Berufung auf unsere Verfassung lässt sich heute nahezu alles durchsetzen!
Zum Beispiel auch, was die Festlegung des Existenzminimums der Sozialhilfeempfänger oder Asylanten betrifft. Ob der Staat diese Belastungen überhaupt schultern kann, braucht die Verfassungsrichter kaum zu interessieren. Die Interpretation der Menschenwürde führt dazu, dass einer in Deutschland lebenden Hartz-IV-Familie ein Lebensstandard verbrieft wird, wovon viele gutsituierte Doppelverdienerhaushalte in Polen oder Ungarn nur träumen können. Ich möchte hier wahrlich nicht alles schlecht reden und unserer Regierung oder unseren Verfassungs-

richtern Boshaftigkeit oder Verrat am Volk unterstellen. Ich möchte vielmehr ins Bewusstsein rücken, wie sehr doch die ständige Berufung auf den „Geist unserer Verfassung" unsere Demokratie unterwandert.

Kanzler/Kanzlerinnen und Regierung haben (nach meiner Auffassung) damit eine Art Freibrief, sie können vorbei am Volk regieren (Einführung des Euro, die Entnationalisierung Deutschlands, Interpretation des Asylrechts und der Menschenwürde, Festlegung des Existenzminimums, Energiewende, Aussetzung des Dublin-Abkommens, Euro-Rettungspakete, Billiggeldschwemme, Aufkauf von Staatsanleihen durch die EZB, Militäreinsätze in fernen Erdteilen usw.).

Das Volk ist weitgehend ohnmächtig, weil es die Rechtmäßigkeit der Entscheidungen nicht beurteilen kann (damit sind ja sogar die hochrangigen Bundesjuristen oft überfordert).

Und das Verwirrspiel geht ja noch weiter! Die Regierung braucht nicht unbedingt den „Geist" des Grundgesetzes bemühen. Sollten die Verfassungsrichter einmal nachträglich nicht das gewünschte Okay geben, kann der Europäische Gerichtshof eingeschaltet werden. Und auch auf internationale Abkommen darf man sich bei Bedarf berufen (zum Beispiel auf die Genfer Flüchtlingskonvention). Die juristischen Verflechtungen sind derart verschlungen, dass das Bürgertum nahezu machtlos zusehen muss, was die Regierung beschließt.

Auf einen weiteren Aspekt möchte ich in dieser Sache aufmerksam machen: Das Grundgesetz oder internationale Abkommen begreifen die meisten Bundesbürger als unantastbare, übergeordnete, moralische Instanz. Was darin steht, wird schon richtig sein – so die weitläufige (anerzogene) Wahrnehmung.

Bei Hitlers Ermächtigungsgesetz war den Leuten hingegen klar, dass sie fortan in einer Diktatur leben mussten und dass der Propaganda der Machthaber nicht zu trauen war.

In der Instrumentalisierung des Grundgesetzes in Verknüpfung mit übergeordneten EU-Gesetzen und internationalen Abkommen erkennen die meisten Menschen leider keine Aushöhlung demokratischer Werte. Sie spüren nicht, wie der Rechtsstaat westlicher Prägung mehr und mehr zum unberechenbaren, unbezahlbaren, demokratiefernen Rechtsmittelstaat mutiert. Es wäre schön, wenn über dieses Grundsatzproblem sachlich nachgedacht und debattiert würde.

Geheime Abstimmungen statt Fraktionszwang!

Der Fraktionszwang degradiert Abgeordnete zu Marionetten des Parteiensystems. Er widerspricht damit den Regeln des Grundgesetzes und gehört abgeschafft. Schnellstens!

Warum gibt es in Deutschland eine derart kapitalfreundliche Politik, warum sinken seit 40 Jahren die Reallöhne und Renten, warum vervielfachten sich die Arbeitslosenzahlen, warum werden die Konzerne immer mächtiger? Die Hintergründe des schleichendes Niedergangs liegen auf der Hand: Es ist das globale Lohn- und Steuerdumping, das einen fairen Wettbewerb nicht mehr zulässt. Der abartige Unterbietungswettbewerb ist direkte Folge der andressierten Zollphobie und des Freihandelswahns. Hätten wir eine echte repräsentative Demokratie, würde es also keinen Fraktionszwang geben, wären viele Grundsatzentscheidungen sicher anders ausgefallen. Dann hätte sich bundes- und europaweit ein ganz anderes Selbstverständnis entwickelt, dann würden nicht ständig konzernfreundliche Gesetze durchgewunken, nicht die Monopolisierung vorangetrieben, nicht der europäische Binnenmarkt und der Euro als wohlstandsfördernde Heiligtümer verehrt.

Das undemokratische Abhängigkeitssystem ließe sich recht einfach beenden! Man bräuchte nur das Prinzip der geheimen Abstimmungen im Parlament einführen. Das wäre doch eigentlich das Normalste von der Welt! Bei Land- und Bundestagswahlen wählt der Bürger schließlich auch geheim – und das aus gutem Grund.

Wären geheime Abstimmungen im Bundestag undemokratisch? Um die parlamentarische Demokratie zu echtem Leben zu erwecken und den alles beherrschenden Einfluss des Kapitals einzudämmen, empfahl ich schon vor über 20 Jahren, geheime Abstimmungen für den Bundestag einzuführen. Durch diese Maßnahme würde die verklärende Scheindemokratie in eine echte Demokratie verwandelt. Die Allmacht der Parteien wäre dann gebrochen. Die dominanten Parteistrategen wären entmachtet, sie könnten ihre Schäflein nicht mehr kontrollieren. Und auch die Lobbyisten im Hintergrund wüssten nicht mehr, ob sich ihre „Investition", ihre Parteispenden oder ihr Einwirken auf die Volksvertreter in irgendeiner Form auszahlen.

Geheime Abstimmungen wäre eine revolutionäre Reform!

Und genau deshalb wird diese überfällige Reform von kapitalgesteuerten Pfründebewahrern strikt abgelehnt. Lobbyisten argumentieren scheinheilig, der Bürger (welch ein Hohn) könne dadurch seine Partei bzw. seine Repräsentanten nicht mehr kontrollieren. Soll das ein Witz sein? Welcher Bürger kann schon in der heutigen kapitalgesteuerten Scheindemokratie etwas kontrollieren oder gar mitbestimmen. Weiß ein Normalbürger, wie der MdB seines Wahlkreises sich in der einen oder anderen Frage entschieden hat? Er geht im allgemeinen stillschweigend davon aus, dass der Parteivorgabe gefolgt wird.

Auf diese demokratiefeindliche Art und Weise kommt es in entscheidenden Systemfragen zu fatalen Fehlentscheidungen! Hätte zum Beispiel bei von der Parteidisziplin befreiten Bundestagsabgeordneten die Abschaffung der DM, die Schuldenerlasse notleidender Staaten, die Billiggeldschwemme, die Aufhebung innereuropäischer Grenzen, die Entnationalisierung und die dramatischen Absenkungen der Renten gegen den Volkswillen durchgeboxt werden können?

Ich bin überzeugt: Bei geheimen Abstimmungen im Parlament hätte es viele dieser schicksalhaften Richtungsänderungen (deren Folgen noch weitgehend unbekannt sind) nicht gegeben. Die Umwälzungen folgten alle einer Richtlinie: Die Interessen des Kapitals wurden gestärkt! So ist es dann auch kein Wunder, wenn seit 1980 die inflationsbereinigten Nettolöhne und Renten in Deutschland sanken, während die Gewinne der Global Player (pauschal betrachtet) in die Höhe schossen.

Auswahl der Abgeordneten per Losverfahren?

In letzter Zeit mehren sich Initiativen und Vorschläge, die Auswahl der Abgeordneten per Losverfahren zu bestimmen. Damit soll der Einfluss des Kapitals dezimiert werden. Auch wird erwogen, eine neue Verfassung auf diesem Wege zu erstellen (die anschließend per Volksentscheid bestätigt werden müsste).

Doch worauf will man sich da einlassen? Die gesellschaftlichen und weltwirtschaftlichen Zusammenhänge sind inzwischen derart komplex, dass kaum noch Experten da durchsteigen. Wie kann man nur annehmen, ein aus Laien zusammengewürfelter Volksrat könnte die aufgestauten Probleme lösen? Der einfache Bürger weiß oft nur das, was ihm über die Medien vorgegaukelt wird. Insofern ist ein aus Laien bestehender Volksrat auch nicht befreit vom Einfluss der Kapitallobby. Also das, was man sich von dieser Idee hauptsächlich erhofft, kann in der Praxis gar nicht funktionieren.

Manipuliert das Staatsfernsehen die öffentliche Meinungsbildung?

Kann es sein, dass Nachrichtensender in Deutschland eine Art Gehirnwäsche betreiben? Wie neutral sind unsere Medien? Funktioniert die Pressefreiheit?

Mit Grauen denken Deutsche an die Hitlerdiktatur. An die Zeit, als das Regime die Medien zur Umerziehung der Bevölkerung nutzte, als systematisch Feindbilder aufgebaut, Kommunisten, Juden und Andersdenkende verunglimpft wurden.

Gibt es auch heute noch eine gehirnwäscheartige Beeinflussung?

Die Frage ist gar nicht so abwegig. Natürlich sind die heutigen Verhältnisse mit der Nazizeit nicht zu vergleichen. Aber in Bezug auf objektiver Berichterstattung ist längst nicht alles eitel Sonnenschein. Die Meinungsmanipulation ist weitaus fortgeschrittener, als allgemein angenommen. Nehmen wir als Beispiel nur einmal das leidige Flüchtlingsthema: Laut allgemeiner Prognosen verdoppelt sich die Bevölkerungszahl Afrikas von derzeit 1,25 Milliarden bis 2050 auf 2,5 Milliarden. Bis zum Ende dieses Jahrhunderts erwartet man sogar einen Anstieg auf 4,5 Milliarden. Und laut Umfragen sehen mindestens 50 % der Afrikaner ihre Zukunft in Europa, vorzugsweise in Deutschland.

„Gemeinsam gegen Rassismus!"

Letztens gab es in Hamburg einen „Aufstand der Solidarität" mit zwanzigtausend Teilnehmern. Unter dem Motto „Gemeinsam gegen den Rassismus" wurde für die Willkommenskultur geworben. Wobei schon das Motto einem eklatanten Etikettenschwindel gleichkommt. Denn wer sich gegen die ungebremste Zuwanderung von Flüchtlingen ausspricht, ist noch lange kein Rassist. Er ist vielmehr ein Realist.

Die staatlichen Fernsehsender waren sich nicht zu schade, dieses Hamburger „Ereignis" in ihren Nachrichtensendungen groß herauszustellen. Es wurden Plakate der Demonstranten gezeigt und ausgewählte Teilnehmer durften ihre weltfremden Statements abgeben. Allgemeiner Tenor dieser Veranstaltung:

„Menschlichkeit ist nicht verhandelbar!"

„Migration lässt sich nicht aufhalten!"

„Schafft endlich sichere Fluchtwege!"

Mit diesen naiven Botschaften wurde über unser willfähriges Staatsfernsehen wieder einmal bundesweit (und damit auch weltweit) eine einseitige Stimmung aufgebaut. Der normale Fernsehkonsument verinnerlicht die sich wiederholenden Gutmensch-Parolen irgendwann als pure Selbstverständlichkeit, als Christenpflicht, als Ausdruck des Anstandes. Weil nämlich kritische Anmerkungen der Journalisten ausbleiben. Auch in der ausführlichen Berichterstattung der Fernsehnachrichten gab es keine kritischen Fragen bezüglich der Grenzen der Gutmütigkeit und Hilfsbereitschaft. Die gesellschaftlichen Auswirkungen des Asyltourismus – wen interessiert es? Und die anhaltende Bevölkerungsexplosion, die hohe Reproduktionsrate in Afrika? „Das ist doch wohl deren Sache, gehört zu deren Kultur. Da dürfen wir uns nun wirklich nicht einmischen."

Was aber macht man, wenn sich nun tatsächlich 100 Millionen, 500 Millionen oder gar eine Milliarde Afrikaner auf den Weg nach Deutschland begeben? Denn die hier ausgestrahlten Botschaften „Menschlichkeit ist nicht verhandelbar", „Migration lässt sich nicht aufhalten" werden schließlich auch in Afrika vernommen.

Bei so viel Naivität und Weltfremdheit frage ich mich, wer von denen, die gestern in Hamburg aufmarschierten, überhaupt steuern zahlt oder schon einmal einen echten Vollzeitjob zu bewältigen hatte. Wer von denen hat den harten Arbeitsalltag schon einmal so richtig genossen, acht volle Stunden am Tag nervende Kunden bedient, an der Kasse gesessen, alte Menschen gepflegt?

Unser Staatsfernsehen sollte sich fragen, ob es zu verantworten ist, bodenlosen Phantastereien eine kritiklose Aufmerksamkeit zu schenken und auf diese Weise ein unerfüllbares Anspruchsdenken zu schüren. Viele Fernsehzuschauer in Deutschland und Afrika werden den demonstrierten Wahnwitz als gutes Recht und moralisch legitimierte Norm verinnerlichen. Denn sie wollen ja keine Rassisten sein.

So werden Stimmungen aufgebaut! Nach meinem Empfinden erfüllt eine derartige Fernsehpräsentation, eine solch unverhohlene Werbung für das Fortbestehen der Willkommenskultur, die Kriterien einer Gehirnwäsche.

In diesem Zusammenhang sei angemerkt: Nach einer Studie der Bertelsmann-Stiftung steigt die Arbeitslosigkeit in Europa bis 2050 auf 25 Prozent. Andere Experten haben errechnet, dass in Deutschland durch die fortschreitende Automatisierung 35 Prozent der Arbeitsplätze bedroht sind. Wie würden sich diese Zahlen wohl bei einer Massenzuwanderung aus Afrika auswirken. Kaum auszudenken!

Chemnitz und die Jagd auf Flüchtlinge!

Im Sommer 2018 ging ein kurzes, verschwommenes Video um die Welt. Genau zu sehen war auf dem 19-Sekunden-Clip eigentlich nichts, nur dass eine unbekannte Person einige Meter hinter einer anderen Person hinterherlief. Diese undurchschaubare Szene galt sensationsgeilen Empörungsmedien und linken Hasspredigern als unumstößlicher Beweis für eine Treibjagd auf Flüchtlinge. Obwohl keine Person zu identifizieren war und niemand die Hintergründe kannte! Vielleicht war der Verfolger zuvor beleidigt, bespuckt oder provoziert worden – wer weiß das schon.

Ich habe den 19-Sekunden-Clip im Staatsfernsehen geschätzte einhundertmal angeschaut. Zwangsweise! Denn wenn ich Nachrichten bis zum Ende verfolgen will, muss ich bei der Stange bleiben. Ich kann nicht, wie bei einer Zeitung, offensichtlichen Mist, ständige Wiederholungen oder aufgebauschte Mutmaßungen einfach überblättern.

Der oberste Verfassungsschützer Maaßen versuchte aufgrund der aufgeheizten Lage mäßigend einzugreifen. Er wollte eine hysterische Vorverurteilung vermeiden. Das war aber so gar nicht im Sinne bestimmter Politiker und Medien, die die Chance erkannten, die AfD und die CSU in Verruf zu bringen. Sie erzwangen schließlich die Versetzung Maaßens. Um ihr Ziel zu erreichen, riskierten sie sogar den Zusammenbruch der Regierungskoalition. Das erinnert mich an den 24. März 1930, als die SPD wegen einer viertelprozentigen Erhöhung des Beitrages zur Arbeitslosenversicherung die bürgerliche Koalition zu Fall brachte und damit die Weimarer Republik ins Chaos stürzte.

Weil Innenminister Horst Seehofer seinen Verfassungsschützer Maaßen verteidigte, geriet auch er in die Schusslinie. Seine Beliebtheitswerte stürzten ab, er gilt fortan als Minister auf Abruf. Dieses Prozedere scheint mir wieder einmal typisch und scheinheilig. Denn die Umfragewerte erweisen sich einmal mehr als Barometer der medialen Beeinflussung. Sie spiegeln ziemlich genau das Ausmaß einer einseitigen Berichterstattung wieder – unabhängig davon, ob ein objektives Fehlverhalten Seehofers vorliegt oder nicht. Haben Politiker, Journalisten und Nachrichtenmacher noch nie über ihren Einfluss auf die Öffentlichkeit nachgedacht? Sind sie blauäugig, wissen sie nicht, wie man Menschen manipuliert bzw. wie die Steuerung der öffentlichen Meinung funktioniert? Das kann doch wohl nicht sein!

Wir leben in einem freien Land. Jeder darf meinen, unsere Nachrichten seien neutral, es gäbe keine Steuerung, keine Volksverdummung. Einjeder darf auch proklamieren, Menschenrechte seien nicht verhandelbar und Deutschland müsse notfalls auch eine Milliarde Hungerleider aufnehmen. Schlimm wird es nur, wenn die Medien derartige Parolen kommentarlos verbreiten, Menschen vom eigenen Nachdenken abhalten oder sie gar umerziehen wollen.

Wahrnehmungen

An zwei Beispielen habe ich versucht aufzuzeigen, wie manipulative Einflussnahme auch heute noch funktioniert. Sie ist dermaßen alltäglich, dass sie gar nicht mehr auffällt bzw. als solche wahrgenommen wird. Das Vertrauen in die Ehrlichmedien und das Staatsfernsehen ist in weiten Kreisen unumstößlich. Dabei geht es natürlich nicht nur um die Willkommenskultur (um die Zuwanderung), sondern auch um wirtschaftspolitische Themen (zum Beispiel den sagenumwobenen Fachkräftemangel, den Euro, die Europäische Union, die Globalisierung usw.).

Die Instrumentalisierung der öffentlichen Medien!

Es kann doch wohl nicht sein, dass unsere meinungsbildenden Medien von der linken Multikultiszene völlig vereinnahmt werden! Vor allem der Staatsfunk muss nicht über jedes Stöckchen springen, das man ihm vor die Nase hält. Die tonangebenden Multikultler brauchen sinnbildlich nur auf den Knopf zu drücken – und schon kommt der Tross der Fernsehleute und Zeitungsreporter angedüst. Das alles ist so durchschaubar, so berechenbar!

Und der Ablauf wiederholt sich fast täglich: Die linke Multikultiszene organisiert wie am Fließband Aufmärsche gegen „Intoleranz und Rassismus" (und das ausgerechnet in Deutschland, dem liberalsten Land der Welt), unterstellt mit diesen scheinheiligen Kampagnen den politischen Gegnern eine nicht vorhandene Fremdenfeindlichkeit und erzielt damit immer wieder eine breite mediale Aufmerksamkeit. Auf diese Weise wird Multikulti zum Allgemeingut, die Ausnahme zur Normalität. So kommt es unweigerlich zur Spaltung der Gesellschaft. Denn nicht jeder Bundesbürger kann sich für einen Vielvölkerstaat und die schleichende Abschaffung Deutschlands begeistern.

Wie neutral ist 'Der Spiegel'?

Manipuliert „Der Spiegel" das öffentliche Meinungsbild? Und welchen Einfluss hat „Der Spiegel" auf die Politik? Um es vorweg zu nehmen: Dies ist kein Pamphlet gegen den „Spiegel". Im Grunde genommen bin ich sogar ein Spiegel-Fan. Seit 40 Jahren lese ich dieses Nachrichtenmagazin regelmäßig und warte jeden Samstag voller Spannung auf das neueste Heft. „Der Spiegel" ist meine mit Abstand wichtigste Informationsquelle. Trotz aller Kritik, die ich hier näher erläutern möchte.

Wie übermächtig ist der Hass gegen die AfD?

Machen wir uns nichts vor: Neutrale Journalisten gibt es nicht. Auch nicht beim SPIEGEL. Denn jeder erwachsene Mensch hat seine individuelle Lebenserfahrung, die ihn im Laufe der Jahrzehnte geprägt hat. Die Veranlagung, das Elternhaus, die Schule, der Freundeskreis – all das formt den Intellekt, die eigene Wahrnehmung. Auch wer sich ständig bemüht (so wie ich), völlig neutral und objektiv zu sein, wird diesem Anspruch nicht immer gerecht werden.

Dies vorausgeschickt: Es gibt wohl kaum einen SPIEGEL, in dem die AfD nicht heftig verunglimpft wird. In zahlreichen Artikeln kommt man über das Niveau eines häßlichen Pamphlets einfach nicht hinaus. Sehr gefragt scheinen in dieser Hinsicht auch Interviews mit prominenten AfD-Gegnern. Deren Hassbotschaften vermarkten die Spiegelleute mit Vorliebe. Denn die Redaktion selbst bleibt dabei im Hintergrund, behält eine weiße Weste. Die Antworten der Promis, die nach Herzenslust austeilen dürfen und auf journalistische Ausgewogenheit und Wahrhaftigkeit keine besondere Rücksicht nehmen müssen, haben es oft in sich. Man lese nur einmal im SPIEGEL Heft 41/2018 das ausführliche Gespräch mit Charlotte Knobloch, der ehemaligen Zentralratsvorsitzenden der Juden. Sinnigerweise erfolgte die Veröffentlichung acht Tage vor der wichtigen bayrischen Landtagswahl.

Zwar bringt „Der Spiegel" regelmäßig auch kritische Berichte über andere Bundestagsparteien. Die sind dann aber meist nur personenbezogen. Den etablierten Parteien wird nicht ständig knallhart oder unterschwellig die Demokratiefähigkeit abgesprochen bzw. ein Antisemitismus, eine Geschichtsvergessenheit oder ein Rassismus unterstellt. „Der Spiegel", so empfinde ich es jedenfalls, scheint von einer heiligen Mission beseelt. Als ob es seine Aufgabe sei, die AfD mit allen Mitteln zu vernichten. Da geht es oft nicht mehr um eine nützliche konstruktive

Kritik, aus der die Partei lernen würde (denn das könnte der AfD ja nutzen). So manche Spiegel-Journalisten können offenbar die grundsätzlichen Ziele der AfD (deren asyl- und eurokritische Ausrichtung) einfach nicht ertragen. Möglicherweise handelt „Der Spiegel" aber auch im (anmaßenden) Aberglauben, Deutschland und seine Demokratie retten zu müssen. Doch was wäre unsere parlamentarische Demokratie ohne die AfD? Was wäre, wenn, wie in den letzten vier Jahrzehnten, wichtigste Belange breiter Bevölkerungsschichten vom Bundestag gar nicht wahrgenommen, geschweige dann vertreten würden?

Wie sehr vertraut „Der Spiegel" der Propaganda der Kapitallobby?

Meiner Meinung nach bedient der Spiegel die typischen Klischees und Irrlehren der Kapitallobby. Generell wird zum Beispiel der Zollfreihandel als Segen und Grundvoraussetzung für unser aller Wohlstand angesehen. Als ob man sich eine Welt ohne globales Lohndumping und steter Exportabhängigkeit gar nicht vorstellen könnte.

Dabei scheinen auch die Spiegel-Wirtschaftsredakteure der typischen (kapitalfreundlichen) Denke verfallen zu sein. Nach der Logik dieser altbackenen Volkswirtschaftslehre sind Zölle grundsätzlich böse, weil sie den freien Welthandel behindern. Ehrliche Zölle werden als Protektionismus gebrandmarkt, während die vielen wirklich abartigen Spielarten volkswirtschaftlicher Schutzmaßnahmen stillschweigend hingenommen werden. Verlogener geht's kaum.

Doch das nur nebenbei. Richtig kriminell wird es, wenn der Bevölkerung eingeredet wird, unsere Wirtschaft sei auf einen hohen Export angewiesen, der Export sichere unser aller Wohlstand. An dieser allgemein üblichen Verdummung beteiligt sich leider auch „Der Spiegel". Auf diesen Vorwurf möchte ich gerne etwas näher eingehen.

Man darf nicht nur geradeaus denken!

Der Trugschluss beginnt schon damit, dass vordergründig nur die augenscheinlichen Nachteile des Importzolls wahrgenommen werden: Erhöht die USA ihre Zölle, können dort ausländische Waren schlechter abgesetzt werden. Viel weiter reicht das Kurzstreckendenken nicht. Dabei ist der tatsächliche Ablauf viel weitreichender und positiver, weil über die Zollanhebung eine Kettenreaktion ausgelöst wird.

Denn der Welthandel ist schließlich keine Einbahnstraße. Wer viel exportiert, der muss auch viel importieren, schon um langfristig eine ausgeglichene Leistungsbilanz vorweisen zu können. Setzen sich weltweit höhere Zölle durch (selbstverständlich schrittweise), verändern sich allmählich sämtliche Volkswirtschaften. Es wird dann allgemein weniger exportiert und entsprechend auch weniger importiert.

Aber da nun einmal, wie bereits ausführlich dargestellt *(Seite 34)*, die internationale Arbeitsteilung extrem umständlich und irreational ist und auch noch die Umwelt schwer belastet, wäre eine Loslösung aus der Knechtschaft der Abhängigkeiten ein Segen, eine Erlösung. Wie kann man das anzweifeln? Was wäre schlecht daran, wenn ein Land von der Größe Deutschlands sich wieder weitgehend autark versorgen könnte? Wenn es nahezu das geamte Sortiment der benötigten Konsumartikel selbst herstellen könnte? Was wäre dagegen einzuwenden, wenn Großkonzerne ihre unübersichtlichen Lieferketten (die nicht einmal der Fiskus durchschauen kann) verkürzen würden und die Produktion im Nahbereich der Forschungsabteilungen angesiedelt wäre?

Die Rückbesinnung auf die eigene Stärke und den eigenen Binnenmarkt würde den gesamten Arbeitsmarkt beleben (revolutionieren). Statt der heute offiziellen (bilanztechnisch nicht mehr zu verheimlichenden) 2,4 Millionen Arbeitslosen gäbe es vermutlich wie in den 1960er Jahren (also vor dem Freihandelswahn) eine Vollbeschäftigung, die ihren Namen auch verdient (1962 gab es 142.000 Arbeitslose). Und natürlich würden dann auch wieder die Reallöhne und Renten entsprechend der jährlichen Wirtschaftsleistung steigen. Ohne Freihandelswahn würde das Normale wieder zur Selbstverständlichkeit! Auch die latente Angst vor einem Verlust der Wettbewerbsfähigkeit im globalen Dumpingsystem würde schwinden. Wer hauptsächlich für das Inland produziert muss nicht ständig fürchten, von der ausländischen Konkurrenz abgehängt zu werden *(Stichwort Digitalisierung, Seite 47)*.

Diese kurzen Ausführungen skizzieren bereits einen Einblick in die wahren Abläufe der Weltwirtschaft bei einer allgemeinen Zollanhebung. Wenn Journalisten dieser Logik nicht folgen mögen, sollten sie doch zumindest der Argumentation auf den Grund gehen und öffentlich zur Debatte stellen. Genau das vermisse ich. Übrigens gehen die positiven Folgen einer globalen Zollanhebung weit über die hier geschilderten Abläufe hinaus. Auch der unkontrollierbar gewordene weltweite Finanz- und Kasinokapitalismus sowie die hochbrisante Billiggeldschwemme sind schließlich Auswüchse des Freihandelswahns.

Leider beteiligt sich auch „Der Spiegel"
an der üblichen Schönfärberei.
Wie bereits mehrfach erwähnt sinken seit 1980 in Deutschland die

inflationsbereinigten Nettolöhne und Renten. Und was machen die Medien aus dieser Sensation? Nichts! Das größte wirtschaftliche Paradoxon aller Zeiten ist selbst der Edelpresse keine Nachricht wert.

Auch bei anderen brisanten Themen hält man sich bedeckt. Ich denke dabei zum Beispiel an die monatlichen im Staatsfernsehen bejubelten Arbeitslosenzahlen *(Seite 25)*. Hier müsste doch die wachende Presse, die vierte Gewalt, korrigierend eingreifen und den ganzen Schmu mit der Bilanzkosmetik aufdecken. Auch der immer wieder im Staatsfernsehen angemahnte Fachkräftemangel *(Seite 55)* böte genügend Stoff für eine aufsehenerregende Aufklärungskampagne.

Warum also hält auch „Der Spiegel" sich dermaßen zurück? Hat man etwa Angst, in Deutschland mühsam aufgebaute Vorurteile und Irrlehren könnten bei einer ehrlichen Debatte als solche entlarvt werden? Fürchtet man, die Menschen könnten stutzig werden und den allgemeinen Beteuerungen von den wohlstandsfördernden Auswirkungen der Globalisierung und der EU keinen Glauben mehr schenken? Fürchtet man, dass es im Zuge dessen zu einem gesellschaftlichen und wirtschaftspolitischen Wandel kommen könnte, dass die Menschen sich auf alte Tugenden besinnen könnten und den Traum von der glückseligen internationalen Arbeitsteilung *(Seite 34)* ein für allemal begraben würden? Fürchtet man, dass Versprechen und sich ewig hinziehende Illusionen keine Beachtung mehr fänden und die Realitäten wieder stärker in den Vordergrund rücken? Oder fürchtet man, dass das *kapitalistische Ermächtigungsgesetz (Seite 15)* seine Gültigkeit verliert und Konzerne mit einer Mindestertrags- und Filialsteuer behelligt werden – womit der Monopolisierungsprozess umgekehrt würde?

Ich kann mir sehr gut vorstellen, dass diese Überlegungen bei vielen Journalisten und Redaktionen tatsächlich eine Rolle spielen. Was den „Spiegel" betrifft, so hoffe ich immer, dass zumindest er sich aus der Zwangsjacke wirtschaftspolitischer Vorurteile und Denkverbote löst und überfällige Debatten anstößt.

Wer dominiert das Internet?

Schaut man ins Internet und betrachtet die Suchmaschinen, so hat sich in den letzten zehn Jahren ein deutlicher Wandel vollzogen. Vor allem, was die politischen Seiten betrifft. Gibt man zum Beispiel das Suchwort „Globalisierung" ein, so erscheinen auf den ersten 100 Plätzen hauptsächlich Links zu den Abhandlungen der Medienkonzerne. Sehr gut im Rennen liegen auch die staatlich betriebenen Informationsplattformen sowie die Propagandatexte mächtiger Lobbyverbände. Was es auf den vorderen Rängen im Gegensatz zu früher kaum noch gibt, sind unabhängige private Beiträge.

Wie kommt es zur Dominanz der Mächtigen?
Eine gute Plazierung scheint nicht unbedingt von der inhaltlichen Qualität der Beiträge abzuhängen. Es kommt wohl eher darauf an, wieviele Seiten der Websitebetreiber insgesamt aufzubieten hat. Wenn von einer großen Zeitung im Netz eine Million Seiten kursieren, so hat eine Privatperson mit lediglich hundert Seiten kaum eine Chance, bei wichtigen politischen Schlüsselbegriffen Aufmerksamkeit zu erlangen. Eine weitere große Rolle im Suchmaschinen-Ranking spielt auch die Zahl der Seitenaufrufe. Und hier ist ein Großverlag mit seinen Hunderttausenden Lesern ebenfalls besser aufgestellt. Dagegen ist kaum anzukommen.

Die großen Meinungsfabriken genießen ein hohes Ansehen!
Noch ein weiterer Umstand zeichnet verantwortlich für eine oft recht einseitige öffentliche Meinungsbildung: Den renommierten Zeitungen und Zeitschriften wird allgemein eine hohe fachliche Kompetenz unterstellt. Das Vertrauen zur Edelpresse und zu staatlichen Institutionen ist ein ganz anderes als zu Privatpersonen. Schon deshalb unterscheiden sich die Zugriffszahlen (die wiederum das Ranking beeinflussen).

Ich habe mir mal die Mühe gemacht, einige der bestplazierten Globalisierungs-Links unter die Lupe zu nehmen. Was Starredakteure und amtliche Meinungsbildner so von sich gaben war (meines Erachtens) oft enttäuschend, banal, wenig erhellend und nicht selten sogar ablenkend oder dümmlich. Exzellent war dagegen die Aufbereitung, der Schreibstil, die rhetorische Überzeugungskraft. Ansonsten aber fehlte mir die inhaltliche Substanz, man spürte die Nähe zu kapitalfreundlichen Dogmen. Aber wie soll der Laie dies so schnell erkennen?

Was ich noch loswerden wollte...

Ich kenne keine Denkverbote ...

Ich rede nicht gerne um den heißen Brei herum (das hat der Leser hoffentlich schon gemerkt), sondern sage oder schreibe das, was ich auch wirklich denke. Ich habe immer wieder festgestellt, dass zu viele Rücksichtnahmen auf vermeintliche Befindlichkeiten fatale Folgen haben können. Über selbst auferlegte Denkverbote entfernt sich die öffentliche Meinung zunehmend von der Realität. Es verstärkt sich dadurch das allgemeine Wunsch- und Anspruchsdenken, man vertraut zu sehr den Visionären, notorischen Optimisten und Schönrednern.

Ja, ich arbeite auch mit Wiederholungen!

Manche Irrlehren (Fachkräftemangel, Nutzen des Zollfreihandels, der EU usw.) werden im Laufe eines Jahres von professionellen Meinungsmachern mindestens eintausendmal wiederholt. Diese Irrlehren haben sich deshalb in den Köpfen vieler Medienkonsumenten fest eingebrannt. Würde in dieser Streitschrift auf die verhängnisvollsten Vorurteile nur jeweils einmal kurz eingegangen, könnte ein kritischer Umdenkungsprozess kaum eingeleitet werden. Also Pardon: Die wiederholte Erörterung von Grundsatzfragen war kein Versehen, sie geschah absichtlich.

Ich bin kein Erbsenzähler ...

Und kein Buchhalter oder Bürokrat. Die meisten in diesem Buch verwendeten Zahlen wurden auf- bzw. abgerundet, wobei ich immer das große Ganze im Auge behielt. Manchmal fand ich keine verlässlich erscheinenden Statistiken oder Daten, so dass ich selbst recherchieren, addieren und in Ausnahmefälle sogar schätzen musste. Aber ob nun zum Beispiel, wie auf Seite 9 angeführt, es in Deutschland 15 Millionen prekär Beschäftigte gibt, oder 14 oder 16, spielt sachlich gesehen keine große Rolle (es kommt dabei sowieso auf die Definition an).

Bin ich nun ein Rechter oder bin ich ein Linker?

Ich denke, eine solche Frage lässt sich kaum seriös beantworten. Ich hasse ein solches Schubladendenken. Ich gebe offen zu: Ich schäme mich nicht, ein Deutscher zu sein und gehöre auch nicht zu denen, die Deutschland insgeheim verabscheuen. Aber bin ich deshalb nun ein Rechter? Anderseits gehöre ich nicht zu denjenigen, die meinen, dem Großkapital ständig dienlich sein zu müssen. Bin ich deshalb ein Linker?

Die Crux mit den Quellenangaben ...

Mir wird so manches Mal angeraten, verwendeten Daten mittels Quellenangaben einen wissenschaftlichen Anstrich zu geben. Doch ich bin da sehr zurückhaltend. Denn was sagen Quellenverweise schon groß aus? Mit welcher Berechtigung gilt die Quelle als absolute Wahrheit? Es sind doch gerade die offiziellen Statistiken, denen ich wenig vertraue! Vor allem, weil dort selten erläutert wird, auf welcher Basis die Zahlen zustande kamen, was alles hinein- und herausgerechnet wurde.

Die Berechnung der amtlichen Inflationsrate zum Beispiel ist für mich nicht nachvollziehbar *(Seite 18)*. Was ich über die Arbeitslosenzahlen denke, habe ich auf *Seite 25* ausführlich dargelegt. Dem angeblich hohen Handelsbilanzüberschuss traue ich ebenfalls nicht *(Seite 48)*. Und die Gesamtaufwendungen für in Deutschland lebende Flüchtlinge, Ausländer, Migranten, die sich nicht selbst versorgen können, sind trotz mancher in den Raum geworfener Zahlen für niemanden erschließbar. Weil undurchschaubar aus verschiedenen Töpfen querfinanziert wird und Kommunen, Bundesländer, Staat und Krankenkassen Gelder möglichst diskret einfließen lassen. Würde man alle Hilfen an Entwicklungsländer, EU-Transferleistungen und in Deutschland lebende ausländische Erwerbslose zusammenzählen, würde eine Gesamtsumme von jährlich 100 Milliarden Euro vermutlich überschritten. Aber will oder soll das jemand wissen? Vermutlich nicht! Denn wer verschämt auf die hohen Kosten hinweist, gilt hierzulande als Rassist, er würde geächtet. Ich halte die Gutgläubigkeit bezüglich amtlicher Statistiken als eines der Grundübel unserer Gesellschaft. Weil diese Gutgläubigkeit zu fatalen Fehleinschätzungen führt und von notwendigen Reformen ablenkt.

Also verzeihen Sie mir bitte, wenn ich auf nebulöse Quellenangaben verzichte. Diese Streitschrift werden nahezu ausnahmslos mündige Bürger in die Hand nehmen, die durchaus in der Lage sind, fragwürdig erscheinende Fakten bei Bedarf im Internet selbst zu recherchieren. Das Internet ist schließlich vorhanden, warum sollte es nicht genutzt werden. Zumal sich die aktuellen Zahlen ständig ändern.

Wichtig ist nur, einjede Statistik kritisch zu beäugen. Eine arglose Gutgläubigkeit wäre unangebracht. Denn es ist so verlockend, mit unklaren, verwirrenden Zahlen die Bevölkerung zu manipulieren. Ich selbst sehe Statistiken immer nur als vagen Anhaltspunkt, den es zu überprüfen gilt. Bei jeder Statistik denke ich: „Wo wird hier wieder getrickst? Was soll verheimlicht werden? Wo wurde fahrlässig recherchiert?".

PS: Falls Sie sich wundern, warum ich mich so ausführlich über das Produktivitätswachstum *(Seiten 34-41)* ausgelassen habe, das Wirtschaftswachstum aber unerwähnt blieb: Ich halte die so überaus populären Wirtschaftswachstumsdaten für wenig aussagekräftig. Weil dort jede Menge Faktoren einfließen, die lediglich die Zahlen und Umsätze nach oben treiben. Zum Beispiel wegen des Bevölkerungsanstiegs, der eskalierenden Bürokratisierung, der Vorschriftenflut, des Mehraufwands, den die Zuwanderung erfordert (Anwälte, Richter, Verwaltungsbeamte, Lehrer, Sicherheitskräfte usw.), wegen der im Zuge der internationalen Arbeitsteilung benötigten zusätzlichen Infrastruktur (Autobahnen, Häfen usw.). All das bläht das Wirtschaftswachstum künstlich auf und täuscht Erfolge vor, die keine sind.

„Ein Produkt, das einen 30-prozentigen Importzoll nicht verträgt, hat es nicht verdient, eingeführt zu werden."

Ein Zoll darf nicht als Strafe verstanden werden! Die empfohlene Höhe von 30 % entspringt nicht irgendeiner Phantasie oder Willkür, sie entspricht vielmehr dem durchschnittlichen Staueraufkommen bei einer alternativen, inländischen Fabrikation. Der Staat holt sich über den Zoll also nur das zurück, was ihm bei der Wareneinfuhr an Einnahmen entgeht. Denn die Bevölkerung hat schließlich nur eine begrenzte Kaufkraft und kann ihr Geld nur einmal ausgeben.

Manfred Julius Müller – Wie ich zur Politik kam ...

Schon in jungen Jahren interessierte ich mich für die Ökonomie und weltwirtschaftliche Zusammenhänge. Ich las die Wirtschaftsseiten der Tageszeitung und des Spiegels, beobachtete aufmerksam wirtschaftliche Veränderungen in der rauen Wirklichkeit und erarbeitete mir auf dieser Basis im Laufe der Zeit eigene Vorstellungen und Theorien.

Doch hatte ich eigentlich nie vor, mit meinen Erkenntnissen irgendwie an die Öffentlichkeit zu treten. Dies geschah erst, als die volkswirtschaftlichen Probleme in Deutschland zunahmen, als die Arbeitslosenzahlen anstiegen und die Reallöhne sich von der Produktivitätsentwicklung abkoppelten. Ich konnte nicht begreifen, mit welch ungeeigneten Mitteln auf die neue Situation reagiert wurde. Nur deshalb fing ich an, mich aktiv in die Wirtschaftspolitik einzuschalten.

Ich korrespondierte und sprach mit prominenten Bundespolitikern und vermittelte ihnen meine Überlegungen. Im Mai 1993 brachte ich eine kleine Zeitschrift mit politischem Anhang heraus, um meine Ansichten einem breiteren Leserkreis vorzustellen. Die Leser konnten mittels Stimmzettel über alle meine Vorschläge abstimmen (damals ein absolutes Novum). Auf der Rückseite der Zeitschrift war die politische Prominenz aufgelistet, an die die Zeitschrift (unaufgefordert) zusätzlich verteilt wurde (um die Politiker ein wenig in die Pflicht zu nehmen). Es handelte sich dabei in der Regel um den Bundeskanzler, die Bundesminister/innen und die Ministerpräsidenten der Länder. Aus dieser Aktion entwickelte sich teilweise eine erfreuliche Korrespondenz. Im Jahre 2001 veröffentlichte ich schließlich mein erstes Buch und stieg wenig später auch ins Internet ein. Auf meine politischen Websites kommen jährlich etwa 700.000 Besucher.

Meine innersten Überzeugungen:

Ablehnung jeglicher Gewalt (eine Selbstverständlichkeit), Ablehnung von Rassismus, Geschichtsklitterung, Ignoranz, ideologischer Verbohrtheit, Volksverhetzung, Deutschfeindlichkeit, Volksverdummung, Ablehnung eines nationalen, multikulturellen oder religiösen Fanatismus. Ich schätze Objektivität in der sachlichen Auseinandersetzung, erwarte Respekt vor aufrichtigen Andersdenkenden, Menschlichkeit und Hilfsbereitschaft im Rahmen des Machbaren und Nützlichen.

Ich wohne seit meiner Geburt in meiner Heimatstadt Flensburg und feierte hier vor kurzem meinen 70. Geburtstag. Flensburg liegt an der deutsch-dänischen Grenze und hat ca. 90.000 Einwohner.